古今中外23位超級媽媽的
非典型育兒百態

猛媽的不負責教育講座

スゴ母列伝

いい母は天国に行ける
ワルい母はどこへでも行ける

堀越英美
Hidemi Horikoshi
陳令嫻　譯

推薦序

有多少種小孩，就有多少種媽媽

夏夏

去到書店裡，一定能看到顯眼的櫃位上陳列著各種親子教養書，細分成不同性別、年齡、主題，加總起來數量可觀。就連網路書店的即時銷量排行榜上，經常也能見到教育類書籍上榜。綜觀這些繽紛的書種，熱切地談論著孩子的差異性，然而每次閱讀這類文章、書籍時，常常會有一個疑惑盤踞在心中：在探討如何提升親子教養品質的同時，是否也能兼顧媽媽本身的差異性？如果不能先尊重每個媽媽的特質，又要如何在這樣的家庭氣氛中教導孩子尊重他人的獨特性呢？

說穿了，世界上有多少種孩子，就有多少種媽媽。

《猛媽的不負責教育講座——古今中外23位超級媽媽的非典型育兒百態》一一指出了與大眾認知形象不同的母親。

母親所懷有的「母性」雖然是與生俱來的本能，依然會受到後天教育、社會氣氛、健康、家庭、經濟環境等因素影響，甚至不同國情之間也存在著明顯的差異。因此在閱讀本書時，敏銳的讀者應該能察覺到作者所在的日本現今社會風氣與臺灣仍有所不同。例如對於以配方奶代替母乳哺餵的接受度、產後多久能回到職場工作、對家事勞動的要求程度等，對於這些事物的標準每個社會不同，縮小範圍至每個人也不同。雖然在臺灣擔任母職普遍而言比在日本輕鬆，還是經常耳聞一些女性為了符合社會期待與應付親友不合理的期望而背負著龐大的壓力。甚至對許多人來說，比起不眠不休地照顧小孩，這些壓力更讓人感到身心疲憊，甚至足以引發疾病，造成長久心理傷害。

因為人們不知不覺對母親抱有過度的幻想，有時候還摻雜了複雜的補償心理，藉以滿足童年時在親子關係中所遭受的傷害，所以當媽媽做不到時時溫柔慈愛、全心奉獻的形象，就冒著被世人貼上壞媽媽標籤的風險。然而比起全心全意為家人犧牲付出，身為媽媽若能適度保有自己的時間與興趣，是否對家庭關係更有助益？

書中所介紹的猛媽們與其說是「非典型」，不如說她們在成為母親後，仍積極地保有個人特質、興趣、工作，不讓家庭吞吃掉所有的精力，因而營造出充滿活力的生活樣貌。

此外，在書中亦能見到不同時代背景下的刻板印象，例如對女性受教權的打壓、女性應該負擔更多家務以維持家庭功能的運轉、女性參與社會性事務的限制等。幸好在前人的努力下，許多框架已被一一打破，使我們能跳脫束縛，更自由地發揮個人特色，不管跟性別有沒有關係。

因此我們在閱讀的過程中，不妨也同時思索，如今被當作理所當然的現象是否有需要進一步革新的？如何才能讓家庭成為一個全然自由的空間，讓家中的每個成員都能被尊重與理解，進而自在地成為自己？

拜網路便捷所賜，媽媽們有愈來愈多展現自我的管道，即時取得改善生活的方式，也能夠適當地抒發情緒、找到慰藉。不過愈來愈多讓自己變得更好的迷思也滲透在龐雜的資訊中，更愛自己、更快樂的宣言時時迷惑著我們。

既然如此，不如忘掉那些忠告，不要再改變了。既不用當好媽媽，也不做壞媽媽，想努力時就努力，想放棄時就放棄。或許現在的樣子就已經是最好的，而這才是孩子會一生牢牢記住的媽媽的模樣。

（本文作者為作家、詩人）

序言

傳言作家岡本加也子當年為了工作，曾將兒子岡本太郎綁在柱子上。十多年前我因為不擅育兒差點陷入自我厭惡的泥沼中，多虧這個故事成為心靈支柱。

倘若在現代為人母者這麼做，肯定會被通報虐待兒童。不，就算在那個年代，應該也是很激進的作法吧。可是這些故事卻讓我莫名安心：假使如此粗暴的育兒法也養得出大藝術家，那麼連小孩都沒綁起來的我，應該不算太離譜吧？

在那之後，我又讀了川上未映子談育兒的散文集《你是小寶寶》（きみは赤ちゃん），裡面也提到同一段故事。原來不只我受到加也子的鼓舞，這讓我更加有自信了。岡本加也子的粗野育兒法可說威力強大，雖不值得眾人模仿，可只要聽過一次就忘不了。

岡本加也子並非聖母瑪利亞或賢妻良母，但也不是個想要徹底控制子女的「毒母」。她的育兒方式之所以聳人聽聞，只是為了堅持做自己。有些女性採用奇特的方式育兒，為的不是要成為一個好媽媽，而是渴望貫徹自我，在本書裡，我們稱她們為

「猛媽」。

日本的母親形象都是「母子融為一體」，意指若非為了孩子犧牲一切的聖母，就是將孩子當作分身的毒母。本書中的猛媽則是擁有強烈的自我個性，以致和子女的自我激烈碰撞。正如岡本太郎對於母親的描述：

> 對我來說，母親完全沒有「母性」可言（中略）。她迥異於一般人認知的良母或慈母，而是獨一無二、個性十足的個體。我們之間的關係遠遠超越一般的親子關係，而是對等的兩個人。
>
> 面對母性缺缺的母親，我高興得無以言喻。
>
> （岡本太郎《母親的信　回憶母親加也子與父親一平》）

身為一名母親，即便遭到世人指指點點，聽到子女如此讚美，想必稱得上得償宿願吧！

現代的母親在社會監視之下，容易鑽牛角尖，以為「育兒時稍有差池便無法挽回」。所幸還有這些不拘小節的猛媽，為我們現代母親帶來一縷希望。

我希望讓各位母親理解到這世上有形形色色的猛媽，進而肯定自我，因此蒐羅了古今中外的猛媽經。每位猛媽都獨樹一幟，她們當不了育兒典範，卻能讓我們安心，安慰自己「我做自己就好了」。

目次
Contents

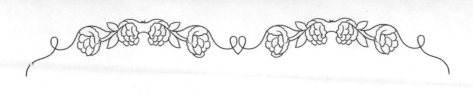

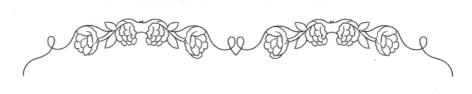

猛媽 ❶

岡本加也子

岡本太郎的「神奇媽媽」

第一篇故事還是從岡本加也子談起吧！

岡本加也子出生於一八八九年三月一日，是神奈川縣多摩川畔一帶大地主的長女，插花、茶道、裁縫與烹飪，這些當時女性須具備的技能她都不擅長。一有重視傳統的親戚批判她，母親就會出面庇護：「這孩子喜歡念書，演奏古琴的音色也和別人不同，而且這孩子最大的優點在於正直坦率。」（收錄於〈難忘的母親之言〉《岡本加也子全集 第十四卷》）父母明白這個孩子異於常人，便打消讓女兒嫁到好人家的心願，心想她若能當上古琴老師，平淡過日子也就夠了。

另一方面，未來將成為加也子丈夫的岡本一平，年輕時反抗父親的安排，選擇走上藝術之路。此外，信奉虛無主義的一平也是個長相俊美的花花公子。

藝術學校的友人告訴一平，他在旅行時遇上神祕的文學少女加也子，這件事引發了一平的好奇心。尤其是聽到三名藝術學校的學生都在追求加也子，更是點燃他的鬥志：「像我這樣無可挑剔的美男子，那種多摩川畔的鄉下女學生肯定三兩下就會被我迷倒。」然而當他實際見到加也子本人，那雙突出於眼皮的烏黑大眼透映出純粹的心，對他而言猶如全新的體驗。

這名少女居然毫不掩飾自己的情感，雙眸對男人不帶任何防備，對於男人說的一切坦率接受、毫不懷疑。懷著少女特有的熱情獨自佇立於荒野，無人陪伴。

（岡本一平《沒長好的黃瓜》）

「我是非常膽小又狡猾的男人。在我眼中，真誠或純潔全是一團噁心、麻煩、尖銳的揉合物。」（岡本一平《加也子記》）。這樣的頹廢青年在遇上天真爛漫的加也子之後，再也不想往來在女性間玩愛情遊戲了。他抱著眼前純真女孩渾圓的膝蓋下跪痛哭，乞求女孩一洗他遊戲人間的心靈。

一平在第二次見到加也子時突然哭了起來，加也子只能愣眼巴睜地看著他。雖然不知他為何要哭，總之先跟著一起哭吧。而既然都一起哭了，也沒什麼不能推心置腹暢聊的吧。

加也子向一平坦言，自己不是一個成熟的女人。又說：「自然主義小說主張性慾是人類生活的意義，可是我似乎對性沒多大慾望。反倒是家兄性慾太強，看到我就會尖叫，趕緊將我推出門外。和他比起來，我可說是完全相反，像我這樣有缺陷的女人還是一個人在多摩川畔的麥田裡獨自彈琴過活得好，我們還是當普通朋友吧。」

孤獨又天真的少女將小說當真，一臉嚴肅地說出這種話。一平聽了決定再也不要當什麼虛無主義者了。

和這名少女結婚，讓她這朵花苞燦爛盛開是我的責任。

（岡本一平《沒長好的黃瓜》）

這段軼聞讓人忍不住想哼起小田和正的名曲〈突如其來的愛情故事〉。但話又說回來，加也子的哥哥沒問題嗎？

一平與加也子門不當戶不對，要結婚不是件簡單的事。一日，一平得知多摩川氾濫，便心生一計：這場大水肯定害得加也子一家人困在二樓進退不得，我就穿越這一大片濁水去見加也子吧！如此一來，「真不知彼此的熱情會沸騰到何種程度！」（岡本一平《泥鰍地獄》）

事態按一平的計畫順利進行，加也子的雙親眼見他一身濕漉漉出現在眼前，對他一路冒險前來的經歷興致盎然。一平於是趁此機會請求加也子的父親將女兒嫁給自己。原本加也子的父親以女兒連家事都做不來、不適合嫁人為由拒絕，可一平咚地一聲跪下懇求，表示對這些事早有心理準備。加也子的雙親便提出要求：

「這孩子當不了普通人，即便如此你也能照顧她一輩子嗎？」

這種說法，與其說是嫁女兒，不如說是在託付得費心照顧的小動物。一平的自傳小說中雖未提及細節，總之太郎在兩人婚後六個月便出生了。看來應該是墜入愛河不久緊接著就開花結果，真相說不定只是先上了車只好速速補票。

不尋常的夫妻

一對不尋常的男女就此成為一對不尋常的夫妻。起初兩人住在一平的老家，但加也子這種個性當然與公婆處不來，兩人於是搬到青山一棟附工作室的二層樓建築。

一九一一年二月，長子太郎出生。這時候要是NHK晨間連續劇的劇本，那迷迷糊糊的天真少女在生了孩子之後，應該會搖身一變成為堅強的母親……但是依照太郎的說法，加也子是個粗手粗腳的媽媽，常常不小心踢到小孩的頭。另一方面，婚後一平刊登在《朝日新聞》的諷刺漫畫受到肯定，卻不拿錢回家，老是在外放蕩，使得太郎兩個弟弟妹妹相繼在這種連肚子都填不飽的極度貧窮生活下夭折。而加也子對太郎也淨說些幻想之言，好撐過這段困苦的日子。

「啊啊，我們兩個一起去巴黎吧！一起去香榭大道搭馬車吧！」

（岡本加也子《母子抒情》）

加也子即使在貧困之中仍幻想著憧憬的巴黎生活，在如此不切實際的母親養育之下，太郎一個人堅強地長大了。

以母親這個角色來說，家母岡本加也子是笨拙到前無古人、後無來者，一點也沒有一個母親該有的樣子，（中略）她基本上不擅長照顧人或是養育小孩。我從小就欠缺照顧，靠天生的生命力自行長大。據說母親那邊的親戚間流傳著「讓加也子帶在身邊，太郎還能平安長大，真是了不起」這樣的說法。

（岡本太郎《一平　加也子——依循本心的強大父母》）

先不說母親是笨拙還是未諳世事，她光是自己要活下去就已拚盡全力，當然沒有餘暇顧及子女了吧。

（岡本太郎《一平　加也子——依循本心的強大父母》）

至於前述那則將孩子綁在柱子上的知名軼事，岡本太郎本人也多次在散文中提起。

母親總是一整天背對我，坐在面對庭院的桌子前寫文章，就算我大吵大鬧也從不理我，所以有次我受不了，一舉跳上母親的背。母親覺得我實在太煩人，便拿來和服的腰帶將我綁在柱子還是衣櫃的把手上。當時我全身赤裸，就像隻小狗一樣趴在地上，悲傷地望著母親的背影。

（岡本太郎《一平　加也子——依循本心的強大父母》）

閱讀哲學書的成熟少年——岡本太郎

太郎出生隔年，一九一二年年底，加也子出版了第一本和歌集《微微妒意》（かる

きねたみ）。當時她將全副心力投注在作品上，想藉由和歌一舉成名。

丈夫一平在外放蕩，加也子則是帶情夫回家，住在同一個屋簷下，沉浸在多角戀情之中。這對夫妻的關係十分複雜，本書就不多花篇幅介紹了（請參考其他評論傳記）。總而言之，兩人的婚姻發生了很多狀況，加也子為了夫妻關係和戀情煩惱著，根本無心照顧兒子，有時還找上年幼的太郎商量。

在我似懂非懂之際，母親便將我當作成年男子，找我傾訴或討論。這對孩子的教育來說是好是壞，我也不知道。然而母親非常熱中，無論是困難或害羞之事都對我娓娓道來。她讓我作為一個具備獨立人格的聽眾，將世上的憂傷烙印在我心上的同時，也教會了我抵抗的力量，使我變得堅強。

（岡本太郎《一平　加也子——依循本心的強大父母》）

真摸不透到底誰才是小孩。儘管如此，做兒子的還是深愛這個天性純真無邪的母親，稱她「沒有一絲一毫的狡獪或是壞心眼等女性或成人的性質」。

有這樣率性的母親，太郎自然無法忍受學校老師總愛蒙混哄騙那樣卑劣的一面，光是小學一年級就換了四所學校。在這種環境下成長，他從小學就讀起了叔本華（Arthur Schopenhauer），和父親在哲學與藝術上論戰。鄰居每每聽到父子倆討論時，太郎總將「當然當然」掛在嘴上，於是替他取了個小名叫「阿當」。

一九二九年十二月二日，岡本一家終於實現了歐洲旅遊的夢想。加也子一直很憬巴黎，一平將這趟旅行當作送給她的禮物；加也子則是在這趟旅程寄託著她的私心，即讓滿十八歲的太郎在藝術之都學習真正的藝術。最後夫妻兩人先行回到日本，獨留太郎一人在巴黎念書。

兒子離家獨立，終於到了加也子發揮本事的時刻。分開之後，她的母愛反而更為熾熱，作家的志業也逐漸嶄露頭角，從寫給太郎的信上可以明顯感受到她對於成功的喜悅。

之後我又寫了廣播童話劇喔。我真是多才多藝、認真勤學，不只帶給家庭幸福，而且還讓爸爸開心地去做他喜歡的事呢。

雖然最近我還是時常會生氣，但都很快就冷靜下來了唷！

加也子

我最近成了新人作家，還拿到文學新人獎！因為我寫了一篇傑作，在文壇颳起旋風。可是太郎啊，我雖然還是新人，作品還是很有大家風範喔！（中略）太郎現在長成什麼樣的大人了呢？我好想看看啊！是否變得像你爸爸了呢？

（岡本太郎《母親的信　回憶母親加也子與父親一平》）

天真無邪又可愛的「母親」

老實說，我剛開始寫這篇文章時，始終無法理解一平和太郎為什麼認為「加也子就是個天真無邪的小女孩」。讀過她的小說，加上接觸了她的生平，都是一名人妻和情夫同居等平凡人無法想像的生活。所以我對她的印象一直都是「耽美派妖女」。

然而讀了她寫給丈夫和兒子的信，開始了解緣由，暗忖難怪在他們眼中加也子永遠那般可愛。她的散文等隨興所至的小品也有些討喜的篇章。

我覺得我的心臟很可愛。就算愛撒嬌又任性，也是乖乖躺在我胸廓深處，在我的床上演獨角戲，也不會給別人添麻煩。

我的心臟——我的小寵物年輕、鮮紅、健康、熱情、膽小又愛同情別人，像男孩那樣熱愛惡作劇，又似英雄般志得意滿。雖然我腦中擺出學者架子的歐巴桑往往會斥責我的心臟，讓它變得沮喪氣餒，可沒多久它又躺下來哼起自己編的歌，好不得意。

（岡本加也子〈我的心臟〉）

這段文章的確很可愛沒錯，但是這種可愛和煩人只有一線之隔。一般的歐巴桑要是這樣跟我說話，我恐怕會忍不住動手敲她的頭，破口大罵「夠了喔！」。

事實上兒子長大之後，也曾透過信件勸加也子要留意她那小女孩般的個性。

我知道您天生就孩子氣，但還是請您改掉這種個性。只有頹廢者才會容許自己的幼稚。您應該有意識地去攝取自己所欠缺的，並且經過吸收消化之後，再不時將那些雜質與汙垢排泄掉。

（岡本加也子《母子敘情》）

加也子在私小說《母子敘情》（母子叙情）連兒子大發雷霆的過程都毫無保留地寫出來，博得文壇好評，又在一平的支持下，一步步確立了小說家的地位，將這對母子特殊的關係直接昇華成文學作品。

給太郎

這個世間變得好不一樣了啊！（中略）我常想著希望你能回日本看看，但也察覺這是我的女性情感作祟。我們都還是忍忍吧！

加也子

田中家三位千金都嫁給大學畢業的企業家，文子一臉喜不自勝。但我可不羨慕她，我有不一樣的幸福。我漸漸享受著品味自己的藝術、太郎的藝術和生活所帶來的幸福。

即使太郎在遙遠的另一端，我都會為我們生活在同一個世界上而歡喜。只要我們有時能見面，我不需要那所謂甜蜜家庭的幸福。

（岡本太郎《母親的信　回憶母親加也子與父親一平》）

從這封信看得出來加也子與我先入為主的偏見不一樣，並非毫不在意外界眼光的怪物。據說當她屢遭醜聞攻擊時，也曾哭著跑回家找一平。

憧憬閃亮耀眼的事物；喜愛濃妝豔抹的自己；為了社會大眾不像她這般愛自己而哭泣……這些特質的確很像小女孩。信中甚至感受得到她以藝術為優先、嚴厲克制母性的一面。

太郎於留學期間接到加也子病逝的消息，在巴黎街頭哭泣奔跑：「神啊，請折我的壽換媽媽的命吧！」

即使那麼長時間且遙遠地分開，母親卻更加努力不讓我感到寂寞，我無法測量她的生命究竟在我心中扎根多深，但今後她也將強大而有力地活在我心中。

（岡本太郎《母親的信　回憶母親加也子與父親一平》）

一平收到太郎來信，回了一封多達十六張稿紙的手書給太郎，那是一封每張稿紙雙面都寫得滿滿的長信。

（前略）「太郎有他自己的人生。」你母親不是拋下你、沒有陪在你身邊才說出了這句話，我相信她的潛意識、以及她的業感都期望能實際陪在你身邊，所以才說出了這句話。為了讓你活出自己的人生，你母親也正視她人生中的「業」，所以才說出了這句話。

（中略）

你最應該去思考的，是你母親強大的影響力。我們都受到你母親的影響，才能擺脫青少年時期的虛無心態，成為能夠感受生命意義的人。

（岡本太郎《母親的信 回憶母親加也子與父親一平》）

如同他們兩人所言，即使太郎已成為大藝術家，加也子的思想仍舊留在他心中，不曾消逝。有一次，已是藝術界名人的太郎參加一場與高中男學生交流的座談，主題是「戀母情結」。當時日本進入經濟高度成長期，女性婚後幾乎都走進家庭成為全職主婦，兒子在家裡養成了飯來張口、茶來伸手的習慣已是稀鬆平常。聽到高中生對於母親殷勤呵護的行為感到「厭煩」、「真希望老媽不要那麼愛管東管西」，太郎開口便問：「覺得煩，為什麼不跟母親說呢？」高中生冷冷地回答：「反正媽媽就那樣啊，沒什麼好說的。」太郎勃然大怒：「你們懂什麼！」

女性獨自一人將這種口氣狂妄的男孩養到這麼大，過程中究竟經歷了多少衝突和無奈？無法對兒子訴說的煩惱、悲哀、絕望與各種深刻情感都退縮到「母親」這個角色的背後，拚命地要做到符合一個母親應有的樣子。這些男孩卻連為母親的這些想法與艱辛流一滴淚也不願意，明明對母親毫無所悉，還敢大言不慚地宣稱他們什麼都知道。怎麼會如此自以為是、傲慢、失去人性？我不能原諒這種人。

（岡本太郎《一平　加也子——依循本心的強大父母》）

我簡直可以聽到全日本的母親大喊：「說得好！再多說一點！」太郎的這篇文章首次刊登於一九八一年，當時女性還沒辦法像現在這樣可以在社群媒體上吐露心聲。實在很難想像這篇文章是完成在那個認定結婚育兒才是女人幸福的時代。

岡本太郎認為母親是具備獨立人格的個體——這樣的母親觀和他的藝術觀一樣，都迥異於尋常日本人，確實可見加也子對他的影響。加也子一點也不符合社會規範的「母親」模樣，想哭就哭，想笑就笑，向孩子撒嬌，堅持不與孩子同化，當個永遠的「他者」。她將人性刻畫在孩子的生命之中。

父母之於子女是另一個孤獨的他者。對孩子而言，父母是一同活著、相互影響，以具有翻弄命運的力量來影響著自己，然後遭到反抗，互相爭戰走過這一生之後，最終被遺忘的，另一個人。

（岡本太郎《一平　加也子——依循本心的強大父母》）

猛媽 ❷

瑪麗‧居禮

居禮夫人和兩個女兒

一般對於科學不特別感興趣的人，通常聽到女性科學家，腦海中只會浮現一個人選——居禮夫人（Madame Curie），也就是瑪麗・居禮（Marie Curie）女士。她既身為女性又是移民者，卻克服雙重的不利條件，兩次獲頒諾貝爾獎，成為聞名世界的超級偉人。她的家世也無可挑剔。在波蘭時她曾擔任家庭教師維生，同時資助姊姊念索邦大學（La Sorbonne）所需的學費，幫助姊姊成為醫師之後，自己也進入索邦大學就讀。和皮耶爾・居禮（Pierre Curie）結婚後，兩人一同鑽研科學，創下諸多成就。她同時也是兩個女兒的母親，丈夫過世之後，她成為索邦大學第一位女性教授，兩名女兒一位是榮獲諾貝爾科學獎的科學家，另一位則成了作家。

瑪麗一九二一年首次造訪美國時，當時的美國總統如是讚賞她：「她是氣質高雅的女性，也是為家庭奉獻的妻子與溫柔的母親，又肩負困難的科學研究工作，盡到身為女性應負起的所有職責。」

兼顧賢妻良母與職業婦女兩種身分，是所有女性的榜樣，我們所認識的瑪麗・居禮大致就是這般形象。正因如此，儘管她從事的是科學家這樣「缺乏女人味」的職業，還是能與肩負照護職責的白衣天使、修女等職位並列，收錄於各類傳記全集，是少數符合保守人士標準的職業婦女。

然而這樣的瑪麗．居禮給人的印象太完美無瑕，從同為女性的角度來看，總覺得有點讓人難以親近。

事實上，瑪麗的確是位勤勉認真又有魅力的女性，卻不是標準的賢妻良母。這是當然，畢竟我們也從未見過得諾貝爾獎的男性科學家在受獎訪談中表示自己是個顧家的好男人。

既然如此，瑪麗究竟是個什麼樣的母親呢？我們可以從次女艾芙（Eve）為母親寫的傳記《居禮夫人傳》[1]中窺見一二。

居禮夫人是個「什麼樣的母親」？

從艾芙所著的《居禮夫人傳》中，可知瑪麗和皮耶爾都是熱愛孤獨的人。

兩人相遇時，皮耶爾三十多歲，全心全意投入物理學的研究。翻開他大學時代的日記，可以一窺他對於戀愛的想法：「這世上幾乎不見天才女性」、「為專心致力於這

1　*Madame Curie*，中文版為志文出版。

份工作，需要遠離人群，必須與女性搏鬥，因為她們會以人生對自然之名，將男人從工作崗位上拉回家去」。

換句話說，皮耶爾是個躲在自己世界裡的科學宅男。

另一方面，瑪麗在附食宿的家庭擔任私人教師，那家的長子向她求婚，僱主夫婦卻以門不當戶不對為由反對兩人結婚。遭到這番羞辱之後，她便對愛情敬而遠之。

對男人感到絕望的瑪麗曾寫下這段文字：「我因為這起事件深深明白男人是怎麼一回事，（中略）又不是我主動追求愛情，為何要擅自來打亂我這無辜之人原本的安穩生活呢？」

若是現代女性，多半會在姊妹淘聚餐時大肆抱怨吧？「明明是那傢伙自己來追我的！」、「我又沒有求他跟我結婚！」

瑪麗以第一名的成績取得物理學位，又以第二名的成績獲得數學學位。皮耶爾親眼見識到這名「天才女性」的厲害，立刻推翻自己原本的假說。要是不趁這個機會擄獲瑪麗的芳心，這輩子應該再也不會遇上可以討論科學話題的女性了。

瑪麗從索邦大學畢業後回到波蘭，皮耶爾仍持續他的情書攻勢，傾訴衷情。他表示願意為了瑪麗移居波蘭，想和她一起實現科學之夢。

瑪麗和皮耶爾都是埋首研究的書呆子，對戀愛不抱任何希望，但他們同時也是優秀的學者，若發現主觀意見不符合客觀情況時便會立即修正假說。簡而言之，兩人墜入情網了。

瑪麗寄了一封信給姊姊，內容描述皮耶爾了解科學對她有多重要，這比任何甜言蜜語都還要打動她。兩名貧困孤獨的科學家心靈相通，在一八九五年舉行了婚禮，共結連理。

「家事」障礙與作風開明的公公

瑪麗一結婚便面臨了嚴峻的現實考驗——家事。

當時皮耶爾在物理化學學校擔任教師，月薪只有五百法郎。兩人得靠著五百法郎度日，當然沒有閒錢聘雇女傭。

瑪麗從十七歲起就當家庭教師，這份工作附食宿，因此她從來沒學過怎麼做家事。大學時代為了有多一點時間念書，吃的也是無需費心準備的食物，例如麵包塗上一點奶油配紅茶或熱可可，有時吃雞蛋，頂多再配些蕪菁、櫻桃等等。由於她太不擅長做家事了，甚至有謠言稱她連最簡單的肉汁清湯也不會熬。在那個女人的價值和家務能力畫上等號的年代，她極力避免人際往來，埋首於數學和物理學的研究之中。

周遭的年輕人經常以嶄新的熱情追逐安逸的快樂！
她一個人在孤獨中探索生命，卻心滿意足。

（艾芙・居禮《居禮夫人傳》）

這是瑪麗在學生時代寫下的詩作中的一小段。當巴黎那些愛玩的學生正徜徉在大學生活之際，瑪麗儘管孤獨卻滿心歡喜於不需應付人際關係和家事，全心全意投入學業。

但是結了婚就不能只顧自己。瑪麗於是嘗試從化學的角度改善烹飪步驟，想出低溫烹調料理法，在她出門去物理化學學校之前開好小火熬煮食材，等回家時就大功告成。

此外，她為了縮短打掃和維修保養的時間，盡可能減少購入家具，可說是家事極簡斷捨離的先驅。

瑪麗個性勤勞認真，即便三更半夜也努力念書準備考試，一舉奪得教師資格考的榜首。她婚後第二年懷上長女依蕾娜（Irène）時，儘管從早到晚為孕吐所苦，卻依舊持續研究，並於產後三個月就回到研究崗位。

為了趕回家哺乳，午餐時間和傍晚都必須兩邊跑，生活可說是兵荒馬亂。要是生在現代，肯定會登上日本知名主婦雜誌《VERY》，還附上二十四小時行程，然而這種超人媽媽般的生活很快就撐不下去了。

瑪麗母乳不足，不得不僱用奶媽，於是手頭更緊了。僱用保母的目的本是要讓她專心投入研究工作，卻導致她精神緊繃，時不時恐慌症發作，衝出實驗室，不斷確認保母有沒有搞丟依蕾娜。即使是偉人，職業婦女一樣不容易。

皮耶爾的父親尤金（Eugène）看不下去，便搬來與皮耶爾夫妻同住，接手家事和育兒工作。尤金作風開明，當皮耶爾少年時代無法適應學校時，他便自行指導科學，不勉強兒子去上學。所謂的男子氣概或是女性責任，在這位熱愛科學與自由的男性面前都無足輕重。

所幸自由開明的公公出手相助，瑪麗終於可以心無旁鶩地投入研究。

沒日沒夜研究的艱辛日常

當時瑪麗正全心投入精煉一種未知的放射性物質，她雖已知鈾會自然發光，卻不明白發光的能量從何而來。她調查已知的各類元素後發現釷也會散發類似的光線，便將這種特性命名為「放射性」。

瑪麗不僅想研究元素的化合物，還想確認礦物的放射性。她從萃取出鈾之後的瀝青鈾礦中發現，放射性比鈾的單純物質更加強烈，代表這裡面肯定還有新元素。要是能從中提煉出新元素，絕對是震驚世界的大發現。

所謂知易行難，要提煉出新元素需要驚人的毅力和體力。

她蒐集工廠廢棄的瀝青鈾殘渣，在大鍋子中加熱攪拌好幾個星期，不斷不斷地濃縮之後，使用分級結晶法取出和鋇結合的鐳。每天重複這些粗重勞動，別說是育兒了，連自己的三餐都只是隨便吃一條德式香腸就打發過去。

依蕾娜三歲半時問爺爺：「為什麼媽媽總是丟著我，跑去工作一整天呢？」尤金帶依蕾娜去瑪麗做研究的地方，想讓孫女看看母親的工作有多了不起。依蕾娜看了卻大失所望，因為那不過是在破爛的倉庫中，進行著沒有頭銜也沒人給薪水的作業。

皮耶爾了解瑪麗的研究極具發展潛力，於是放棄自己的研究加入妻子的行列。實驗開始後第四年，也就是一九〇二年，終於從十噸的瀝青鈾殘渣中精煉出零點一公克的純鐳鹽，放射性是鈾的一百萬倍。這是原子序數編號八八的新元素。

居禮夫妻隔年獲頒諾貝爾物理學獎，終於不用再擔心經濟問題。暑假時他們在海邊租了小木屋，總算有時間陪伴依蕾娜玩耍。

一九〇四年，次女艾芙出生，這次卻遇上難產。

「我為什麼要生小孩呢？人生太辛苦又太無趣，我不應該讓無辜的孩子來到世上，被迫接受這種生活……」

或許是因為生第二胎時瑪麗已經年過三十五，懷孕、生產和育兒等過程都難以憑靠勤勞刻苦的天性克服，導致她變得格外軟弱，抑或是她已稍微預料到之後可能發生的意外。一九〇六年，一家子帶著還在搖晃學步的艾芙去健行，皮耶爾撫摸妻子的臉頰和頭髮低聲呢喃：

「瑪麗，與妳共度的人生實在太美好了。」

皮耶爾因為長年暴露於放射線之下，身體已然衰弱不堪。說完這句話後沒幾天便遭馬車撞上，撒手人寰。

「我想在安靜的實驗室與你說說話，但是我無法忍受沒有你的實驗室。」
「馬路上有這麼多車，難道就沒有一輛車願意送我去找我心愛的人嗎？」
「我再也無法喜歡太陽與花朵了，看了便不住心痛。」

這些句子節錄自瑪麗當時的日記。她不與人接觸，時常工作到半夜兩、三點，上午八點又回到實驗室。神經衰弱時便一個人關在房間裡不出門。艾芙有記憶以來的第一個回憶是母親昏倒在家中的餐廳。這實在不是個適合幼兒成長的環境。代替陰鬱的瑪麗照顧小孩的還是皮耶爾的父親尤金，艾芙對尤金抱持如是回憶：

正因為有這位藍眼老人陪伴，我們姊妹兩人的童年時代才不至於陷入母親喪夫的悲傷中喘不過氣來。母親總是不在家，老是待在實驗室，就連待在孩子身邊時也不斷將「實驗室」一詞掛在嘴上，聽得我還以為自己耳鳴了。比起母親，爺爺是更合適的玩伴和老師。當時我年紀太小，難以和他心靈相通。但對於姊姊依蕾娜而言，爺爺是她獨一無二的朋友。這個略顯遲鈍且不善社交的孫女和爺爺過世的兒子實在太像了。

（艾芙．居禮《居禮夫人傳》）

然而連代替瑪麗陪伴兩姊妹成長的爺爺尤金也在一九一〇年離世，瑪麗終於搖身一變，成為熱心教育的母親。

科學家媽媽的家庭教育

我個人認為兒童教育應該以體育為主，學科只需要一點時間就足夠了。

（瑪麗・居禮《居禮傳》[2]）

關於女兒的教育，瑪麗出乎意料地格外重視體育和實作。早上先是一小時的智育學習或手工勞作，接下來是外出散步、做體操、園藝和捏黏土。到了暑假會送去姑媽家，每天到海邊遊玩。兩個女兒幾乎玩遍了所有戶外運動，諸如騎馬、游泳、騎自行車、划船、溜冰和滑雪等等，以當時的女性來說十分罕見。

2 *Autobiographical notes & Pierre Curie*，中文版為臺灣商務出版。

依蕾娜回憶當時的生活，表示「不用懷疑，我敢說我是全法國最早學會滑雪的女性」。

從現代腦科學觀點來看，瑪麗安排那些著眼於粗大動作、精細動作以及實作體驗的課程十分合理。

想必瑪麗非常清楚自己之所以是天才的理由。但根據艾芙的說法，這個教育計畫有一個缺點：沒機會學習社交禮儀。畢竟瑪麗本身不擅交際，也就無可奈何了。

瑪麗反對以往過度注重文學的填鴨式教育，因此等依蕾娜上了中學，便採取離校自學的方式施教。她與幾位交情好的教授合起來共有十名子女，由真正專門的數學家和藝術家來為這些孩子上課。每天上一種課程，學習物理和化學時不是單純聽課，而是自由地操作實驗、學習構造組織。

依蕾娜記錄了一個關於母親教授數學課的小故事：依蕾娜回答不出簡單的問題，這讓瑪麗大發雷霆，氣到將女兒的筆記從二樓窗戶扔到院子裡。依蕾娜卻無動於衷，下樓走進院子裡撿回筆記本，繼續上課。

教自己的孩子比教別人的孩子更難拿捏彼此的距離，因此理想雖然偉大，這個自學集團卻由於家長們都過於繁忙，短短兩年便落幕了。

寫給女兒的信裡附上「數學題」

瑪麗和女兒們相處時間不多，經常以書信聯絡感情。這位熱心教育的媽媽就連寫信也不忘教學。

「親愛的寶貝，寄給妳衷心的吻。我要告訴妳一個橢圓形的畫法，想必妳還不知道這種繪圖方式。」

這是寄給依蕾娜的信件末段。除此之外，瑪麗也曾寄出一道數學題給當時十二歲且正在海邊享受暑假的依蕾娜：「倘若三年後的年齡是三年前的年齡的平方，請問這個孩子現在幾歲？」簡直就像小學補習班導師執筆的書信。

瑪麗曾經在信中提到：「我想盡我所能地將女兒栽培成了不起的人，可是就連女兒也無法喚醒我的生命力」，可知她縱使帶小孩都是靠著勤勞與努力。

儘管如此，依蕾娜從未反抗過母親，也不嫌棄念書麻煩，而是乖乖回應母親的期待。她從小便認為，只要成為科學家就能和母親朝夕相處，彌補過往缺乏母親關注的時光。

最重要的是兩個女兒害怕繼父親之後，又失去母親。然而導致瑪麗精神不安定的不僅僅是失去了伴侶。

瑪麗在一九一一年和丈夫皮耶爾的學生朗之萬（Paul Langevin）的不倫戀情，引起周遭紛擾，嚴重影響了她的精神與健康。

皮耶爾的優秀學生愛慕瑪麗，瑪麗則視男方為丈夫的替身，於焉引發了這場不倫騷動。

此時適逢瑪麗第二次獲頒諾貝爾獎的時期，這場鏡花水月成為震盪全法的大醜聞。兩人往來的信件遭到曝光且登上報紙，住家還遭人丟石頭。瑪麗不堪忍受眾人羞辱，只得和女兒一起躲去友人家避風頭。而依蕾娜隨著年齡漸長，成了一個不在意外表打扮、認真用功的典型模範生，會做到這個地步或許是想成為父親皮耶爾的替身，回應她摯愛的母親心中所盼。

一九一四年，歐洲戰情日趨緊張，依蕾娜和艾芙在母親的要求下搬到郊外。當時十七歲的依蕾娜不停寫信給母親，熱切表示想要回巴黎幫忙。

第一次世界大戰爆發之後，瑪麗自費打造了二十臺放射線治療車，帶著工作人員巡迴戰地，治療傷患。沒多久依蕾娜就隨母親一同前往戰地。瑪麗終於願意完全信賴依蕾娜，任命十八歲的女兒擔任X光檢查負責人，讓她一個人留在距離前線只有幾公里的戰地醫院。瑪麗對於女兒能成為自己的左右手感到心滿意足，此後也非常依賴她，「妳是我的好朋友，多虧有妳，減輕我的負擔，並為我的人生帶來快樂」。

> 我的幸福是能幫得上母親的忙，因為我衷心期盼自己能減輕母親的負擔。
>
> （依蕾娜・居禮《書簡》）

依蕾娜不愧是個堅強的好孩子！而次女艾芙比起科學，更愛好音樂和時尚。既然依蕾娜主動選擇當物理學者，那就讓艾芙當醫生研究如何用鐳治療吧……這是瑪麗埋藏在心底的願望，但是她終究沒有強迫艾芙。

取而代之的是不斷挑剔艾芙的打扮：穿露背洋裝小心得胸膜炎；穿高跟鞋就和踩高蹺沒兩樣；染眉毛會弄傷毛質；塗口紅對身體無益……有個凡事都要求合理的偉人母親，應付起來真是不勝疲倦啊。

另一方面，在朗之萬的介紹下，二十五歲的弗雷德里克（Jean Frédéric Joliot-Curie）進入瑪麗主持的鐳研究所擔任研究助理。弗雷德里克擅長社交，相貌帥氣十足，同時也是熱烈的居禮迷，對居禮夫妻的仰慕真摯到甚至將兩人的照片貼在寢室牆上。俯仰之間，鐳研究所的公主——也就是居禮家的長女依蕾娜，出現在這位居禮家的狂熱愛好者眼前。依蕾娜往往予人冷漠不易親近的印象，但看在弗雷德里克眼裡卻猶如偶像皮耶爾的分身。

兩人瞬間墜入情網。當時依蕾娜已經取代皮耶爾，成為瑪麗的得力助手。儘管瑪麗並不贊成女兒談戀愛，依蕾娜卻不為所動，愛上了便一往情深的感情觀和她父親如出一轍。

由於左右手依蕾娜有了自己的家庭，瑪麗和艾芙過起了兩人生活。以前是瑪麗對女兒囉嗦，現在換成女兒叨唸瑪麗：「媽，妳工作得太久了！」這時瑪麗已經六十五歲了。

「艾芙，說說最近社會上發生了什麼事吧！」

瑪麗像孩子那樣央求艾芙說故事，睡前要看的小說也是交由女兒挑選。她因為長期暴露在放射線之下，罹患再生不良性貧血，進入療養院接受治療。從治療期間到過世的那一刻，都由艾芙隨侍在側。

「在這裡，她為我們展現的是瑪麗完整無缺的靈魂、容易受傷卻又寬大的心靈，以及無限的溫柔。（中略）最重要的是四十六年前那個以波蘭語寫信的年輕女孩回來

了。」（艾芙．居禮《居禮夫人傳》）

依蕾娜夫妻發現了世界上第一個人工放射性元素，他們向臥病在床的瑪麗展示研究成果。儘管她過去反對兩人結婚，看到女兒夫妻倆的成就仍坦率表示喜悅。長期以來身為居禮迷的弗雷德里克想必十分高興，終於獲得瑪麗肯定，只可惜瑪麗沒能親眼目睹兩人隔年獲頒諾貝爾獎的風采。

艾芙眼中的母親「過於溫柔纖細，太容易感受痛苦」、「對方態度稍微冷淡，她便感到受傷並繃緊神經」。

> 她總訓練我們別老是想撒嬌。儘管從未說出口，我們總是默默期盼她能更常親吻我們、靠近我們。
>
> （艾芙．居禮《居禮夫人傳》）

面對母親屢屢挑剔自己的打扮，艾芙開朗以對，依舊不離不棄照顧母親的生活起居。

另一方面，雖然依蕾娜的筆記本曾遭母親丟出窗外，她卻還是能若無其事地撿回來，繼續聽母親授課。倘若瑪麗這位偉大的科學家連在家庭中都無懈可擊，那她的吹毛求疵聽起來或許都像是對女兒的詛咒。

瑪麗不是完美無瑕的母親，她脆弱的一面想必女兒都看在眼裡。反而正是因為母親也有脆弱的一面，兩人才各自選擇了庇護者的位置，守護著孤獨的母親，而非受母親盛名所累。

依蕾娜和母親一樣成為科學家，和丈夫一同獲頒諾貝爾化學獎。最後還是受到放射線影響，罹患急性白血病，享年五十八歲。艾芙則是先成為鋼琴演奏家，之後轉行為記者，在第二次世界大戰期間以特派員身分奔走世界各地，警告眾人納粹的可怕。瑪麗過世後短短三年間，她便發揮採訪與語言能力，出版了母親的傳記《居禮夫人傳》，述說居禮夫人的成就。

艾芙急著出版的理由非常明顯：活用自己的波蘭語專長，徹底調查母親的少女時代，完成翔實的傳記才能消弭師生戀情騷動造成的醜聞。直到母親死後，她仍透過自己的方式來守護母親。

次女艾芙在人生路上選擇走入文化藝術之道，最終享壽一〇二歲。長女依蕾娜依照母親的理想前進，卻因病早逝。她覺得自己的人生幸福嗎？

依蕾娜的長女依蓮娜（Hélène Langevin-Joliot）和祖母及母親一樣，走上科學家之路。她曾經對來到家裡的採訪者說：「你不覺得我的母親和祖母的人生都很美好嗎？」

母親說她度過了最棒、最有意思的一生。她認為自己會這樣想，正是因為祖母的影響。

（芭芭拉．高史密斯《偏執的天才》[3]）

3 Barbara Goldsmith, *Obsessive Genius: The Inner World of Marie Curie*，中文版為時報出版。

猛媽 ❸

青山千世

女權運動家山川菊榮的媽媽是「全日本最聰明的女孩」

我想我這輩子應該永遠不會被問到：「妳最喜歡的女權運動家是誰？」但要是有人問起，我的答案肯定是山川菊榮。現代人最可能聽聞她名字的事件，想必是大正時代（一九一二～一九二六）婦人雜誌上那波母性保衛論戰。

當年平塚雷鳥提出了「兒童國有論」，認為國家理當出力保護兒童；與謝野晶子則批評平塚雷鳥，認為女人不應當仰賴國家，工作與育兒都該自立自強。我讀著兩人的意見，心想：「為什麼雙方都不將議題談論得更深入明白呢？」但那時畢竟還是一九一八年，現代人視為理所當然的概念在當時尚未有明確定義，所以才會如此爭論不休吧？然而山川菊榮之後介入了兩人的脣槍舌戰，所發表的意見清晰易懂，令我至為驚嘆。

在她眼裡，平塚雷鳥和與謝野晶子的主張在本質上並不對立。政府應該保障母親藉由工作取得經濟獨立的機會，而社會的任務則是建構完整制度以保護母親與兒童的生活。婦女應當同時要求這兩件事。山川菊榮的觀點就算放在現代也是完美無瑕，不由得思索這位女權運動家究竟是何方神聖？

無懈可擊的名嘴——山川菊榮

或許是因為山川菊榮頭腦太清楚，現代某位男性學者在他的書裡以「眼鏡猴」形容她。相對於同時代的「新女性」[1]，山川菊榮確實給人「無懈可擊」的印象。平塚雷鳥和文學青年殉情、伊藤野枝和英語教師私奔，許多新女性都陷入了文學界窩囊男人們的情網。這雖是她們的魅力，卻也因為對戀愛抱持不切實際的幻想，導致論述不夠徹底有力。

相較之下，山川菊榮就好似對這種消耗自我的戀愛興趣缺缺。無論身邊男女如何卿卿我我，她都能自顧自地埋首於原文書。就算有文學青年咬文嚼字上前搭訕，也只會換得她一句：「嗯？」而關於當年那段轟動一時的八卦——即無政府主義者大杉榮和新任情婦伊藤野枝等人大搞四角關係，卻遭到前任情婦刺殺。菊榮的批判如下：

1　意指近代自我覺醒的女性，在大正時期的日本指的是女權雜誌《青鞜》相關的女性編輯和作家，例如平塚雷鳥與伊藤野枝等人。

近年來許多人神化大杉，說他是超人、是英雄、是絕世美男子、是日本版唐璜，僅只一個眼神便能讓女人為他神魂顛倒。依我所見，這起奇妙的事件不是因為大杉太有魅力，不過是太窮罷了。

（山川菊榮《兩代女人記》）

涉及四角關係中的人士都是她認識的人，她卻還是說得這麼直白，想必她打從心底認為這些人「真是一群無藥可救的傢伙」。當「新女性」瘋狂尊崇母性偉大之際，她則是冷靜分析貧困女性因懷孕生子而失去受教權與穩定工作的議題，社會定義的「母性」不過是「加諸在女人身上，要女人為奴的刑罰」。為了貧困的民眾不惜與人脣槍舌戰，卻又總是能冷靜自制，這是我對山川菊榮的印象。我絕對不想與這樣的人為敵。

明治大正時代（一八六八～一九二六）的女性遭到壓抑，學業與職業都受到嚴重限制。因此「新女性」先從戀愛和母性的領域解放自我也是理所當然。然而在這種情況下，山川菊榮居然能夠不壓抑自我、也不情緒暴走，保持客觀平穩的心態，為貧困的母親、女工或是娼妓著想，成為兼具知識與邏輯的評論家。這究竟是怎麼做到的呢？

我認為原因正是她深受活潑的武士家女孩——也就是母親青山千世的影響。

儒家學者之女深受「西洋學問」啟發

山川菊榮從小深受母親影響，並曾在著作《兩代女人記》（おんな二代の記）中詳細記錄母親的生平。

青山千世出生於一八五七年，父親是水戶藩的儒家學者。少女時代正逢明治維新，一家子被趕出宅邸，被迫住進殘破的屋子。據說只要上了東京，就算是女孩也能念書，這樣的流言傳進窩在家裡做裁縫的千世耳裡。憧憬著學校生活的她向父親提出請求，父親便保證只要她精學裁縫就准許她去東京上學。

一八七二年，千世十五歲時終於獲准前往東京，進入創立不久的築地上田女校就讀。在這裡，她第一次坐上椅子；透過美籍教師展示地球儀，理解到日本在地球上的位置及地球自轉等概念。千世受到巨大的文化衝擊，回家向父母報告西方學問是如此有趣，就連父母也深感驚嘆。乍聽這些知識會瞠目結舌也是預料中事，畢竟在此之前他們不過是江戶諸侯麾下的家臣，遭逢改朝換代，轉瞬間卻學習起地球科學來了。

千世的下一所學校報國學舍，是教育令頒布男女分校規定前成立的學校，所以還是男女共學。十幾歲的青少年往往瞧不起女同學，不想和她們一起上課，老是嘲笑女孩們其貌不揚，想藉由訕笑等把戲將她們趕出學校。然而女學生人數雖少，卻不是只會沉默忍耐的千金大小姐。

「你們這些混帳可有什麼意見？愚蠢透了！我們是女的也好、是醜八怪也罷，哪一點礙到你們了？不甘心女人也會英文嗎？一群大男人心胸卻這麼狹窄，不服氣的話你們也唸幾句英文來聽聽！唸啊！唸唸看啊！唸不出來嗎？活該被笑啦！不會唸就別唸了，乖乖閉嘴也沒人知道你們的程度有多差。有意見就放馬過來！對付你們這種人，只需要一根手指頭就夠了！」

每當男學生又來找麻煩時，陸軍少校夫人阿信總是毫不客氣地大罵回去，她是千世的朋友，會來這所學校也是出於她的邀請。

阿信原是藝伎，容貌秀美又富品味。男學生們不但被美女罵到臭頭，學業也遠遠落後於女同學，不久便收斂了些。這段逗得人們嘴角上揚的可愛故事傳達了明治時代（一八六八～一九一二）在頒布男女分班、大日本帝國憲法與教育敕語之前，女性們是多麼地意氣風發、認真向學。

山川菊榮之所以能留下如此生動的文章，相信都是因為千世將當年阿信開罵的模樣記得一清二楚，一再於女兒面前重現當日情景。從這段文章想像得到母女倆對話時的愉快畫面，實在很有意思。

報國學舍在一八七四年關閉。千世的父親找上老朋友中村正直[2]，將女兒送進他所開設的女校就讀。學校規模不大，類似私塾。課程以英語為主，道德倫理課則由中村正直教授於課堂中講解《自助論》和南宋謝枋得編著的《文章軌範》。中村正直的課堂似乎特別有趣，千世直到九十歲離開人世之際依然懷念備至，表示老師的聲音繞梁三日，久久無法忘懷。

中村正直有時會向學生分享母親的故事，說著說著還忍不住流下眼淚。他的父親只是個門衛，有機會向學都是因為教養深厚的母親趁著家務空檔告訴他許多知識。基於這一層淵源，他分外致力於女子教育，認為日本女性要是能獲得與西方女性同等的教育機會，日本或許就不會輸給西方列強了。多虧他投注大量心力，東京女子師範學校[3]才得以在御茶水創校。

千世是這所女子師範學校的第一屆學生。當初一共三百多人前來報考，得以入學

2《自助論》（*Self-Help*）的日文版譯者，原作者為薩繆爾．史密斯（Samuel Smiles）。此作於一八七一年於日本出版時大為暢銷。

3 現在的御茶水女子大學。

者不過七十餘人。千世的入學成績是該屆榜首，創校典禮時代表新生在皇后面前以漢文演講。她應該是當時全日本成績最好的女孩。

其餘的第一屆學生和千世一樣，多半是武士階級家庭的女兒。她們當中自然有些原本就對念書感興趣，也有些是因為父親放下武士刀後失業，家庭只好將一切希望寄託在喜愛念書的女兒身上。

她們撞上的第一道屏障即是理科，當時的課本是翻譯自歐洲原文書的漢文教材。那個年代說到正式文章就是漢文，可女孩們就算敏捷好學，要以漢文理解物理畢竟是難上加難。

學生抗議教科書太困難，學校也毫不客氣地反駁：「男學生也是用一樣的課本，妳們難不成是將學校當作婚前新娘才藝班嗎？」女學生們於是洗心革面，下定決心與漢文理科課本搏鬥。不料下個學期，學校換了一批較簡單的課本，她們又抗議了：「明明照老師吩咐努力用功讀書，卻換成這麼簡單的課本，不就一點意思也沒有了嗎？」

學校也不服輸，斥責學生：「妳們怎麼如此任性？乖乖盡到學生該有的本分就好，不要老是對學校的方針有意見。」

但校方最後還是聽取學生的建議，恢復使用原本較困難的課本。光是女學生大聲說出對課本有意見就夠令人驚訝了，更訝異的是當時有男女受教權平等的概念。相較於一八九七年後的女校教育方針偏向培育賢妻良母，當時的學校有心教導學生真正的學問，男女平權的意識高下立見。實際調查女子師範學校創校時的科目，和男校一樣，包含物理、化學、地理、經濟學和自然史，沒有裁縫和插花等培養待嫁新娘的課程。

皇后出席創校典禮時，也愛上了女子師範學校自由而新鮮的氛圍，之後又多次造訪。一名女官很欣賞千世在開學典禮的漢文演說，於是邀請她去皇宮參觀。根據女官的說法，皇后十分喜歡學生們在創校典禮時上半身穿得很女孩子氣，下半身卻搭配武士風直條褲裙的這番打扮。

其實當天學生看到皇后身著女性最高級的日式盛裝十二單卻搭配西式高跟鞋，還有明明在室內卻打傘的特殊時尚都差點忍俊不住。畢竟以前女性不會出席這類官方場合，當然也沒有女性時尚雜誌可參考，對衣裝打扮都還在摸索階段。然而從女學生和皇室的交際可知，她們是肩負國家期待的超級菁英。

一八七九年三月，女子師範學校第一屆畢業生一共十五人拿到畢業證書，就連千世這般當初帶頭抵制食堂的調皮學生也順利畢業了。然而中村正直卻在同一時期黯然下臺，取代他成為第二任校長的是相信天皇會征服世界的復古主義者——福羽美靜。

當時對於歐化主義與自由主義的反動，促使明治政府推動國粹主義。校風從尊重女性自主轉為「女人就該有女人的樣子」，課本也從鼓吹西方個人主義的《自助論》改成強調恪遵婦道的《女大學》（女大学）。男女平等的氣氛只存於千世等第一屆學生在校期間。

要讀書，但不能盡信書

千世必須繼承家業，因此遵從父母心願於一八八〇年相親結婚，而非外出工作。

千世的丈夫龍之介家境貧困，九歲就離家工作，長年吃苦耐勞。後來拿到藩[4]的獎學金，得以上外語學校，一八七二年進入陸軍省擔任傳譯員，為政府僱請的外國技術人員口譯。有天他在翻譯軍糧的技術指導課程時，發現火腿、培根和罐頭等加工肉品極富商機，於是投入了這項新事業。當時軍方採用加工肉品作為軍糧，龍之介的事業因而蒸蒸日上。

千世在一八八六年生下長女；一八八八年生下長子；一八九〇年生下次女菊榮。龍之介在這段期間忙於工作，無暇顧及家庭。他雖有遊歷歐洲的經驗，比起同時代男性更會照顧自己，但說到育兒卻一竅不通，千世的父親延壽便在此時出手相助。

出乎意料的是，千世並未教導學齡前子女識字和算數。上小學之後，由祖父延壽負責修改孩子們寫的漢詩，還教授歷史、書法和游泳，千世則擔當朗讀論語和初級英語教學。比起讀書，她更重視態度和應答禮儀。

「嗯」或「嗯嗯」等回答自不待言，若是回答得曖昧便是失禮；討厭就說討厭，說不出口就會被視為膽小鬼；聽到有人叫喚要馬上回應和起立，甚至要起立得比回應快，隨便回應或是起立得慢，不論小孩或女傭都會被她毫不留情斥責。

（山川菊榮《兩代女人記》）

討厭就直接說討厭。看來山川菊榮的文章之所以有條有理，或許是源自這樣的教養方式。

日子一天一天過去，龍之介還是經常不在家，連小孩念什麼學校、讀幾年級都不知道。如此一來，家庭要事自然交由千世管理。看到媽媽不但會做家事和裁縫，連木

4 江戶時代幕藩體制下，對大名的領地及其統治機構的稱呼。

工都能勝任，菊榮和姊姊也學會拿起鐵鎚，動手學習修理房子等DIY技術。

千世買了很多書給子女，從當時大受歡迎的少年雜誌《少年世界》(少年世界)到《古今和歌集》(古今集)，應有盡有。當菊榮等人向千世反應看不懂時，她不會特別解釋，一律回答「讀書百遍，其義自通」，換句話說就是多讀幾遍自然能領會。千世經常掛在嘴邊的另一句格言為「盡信書不如無書」，她認為書本內容有時不夠嚴謹，不能完全相信，必須盡可能地大量閱讀各種類型的書籍，才容易明白如何分辨真假。

千世和孩子們也接觸當時流行的作品，卻無法了解德富蘆花的暢銷小說《不如歸》(不如帰)為何大受歡迎。那是一本大家讀了都紛紛落淚的悲戀故事，內容敘述婆婆嫉妒兒子夫妻感情相好，便欺負媳婦，做兒子的儘管努力保護另一半，最終媳婦還是被趕出家門。千世一家無法理解怎麼會有這種家庭，最後以「這應該是薩摩人的作風」作結。

菊榮表示母親是標準的「尾崎迷」(並非偷竊摩托車溜去兜風的尾崎豐，而是日本的憲政之神——尾崎行雄)，她非常厭惡當時由薩摩藩與長州藩掌權的藩政派閥政府。

我以為像《不如歸》中描述的男尊女卑社會，以及身為女性卻在家中握有權力的婆婆那般緊抓兒子不放的光景，在當時的日本十分普遍。可是從千世一家的反應看來，似乎不是這麼一回事。

千世的妹婿，也就是菊榮口中的「森姨丈」經常送書給菊榮。這位森姨丈以時興的「紅色披風配圓斗笠」裝扮加入政府軍行列，參與戊辰戰爭。他深受西方文化影響，追求男女平等；自己會下廚，也要求兒子們分擔家事。除了記錄過去說演故事的書籍之外，他也送了福澤諭吉批判過去婦道的《新女大學》（新女大学）來鼓勵菊榮。

在母親這樣的知識分子及作風開明的親戚支持下，菊榮成長為一名喜歡念書又自由奔放的少女。這樣的家庭氛圍在當時非常稀罕。我認為她之後沒有陷入自我毀滅的戀愛情事，正是因為自我從未遭到壓抑。

將來的夢想是當「馬賊」

菊榮小時候差點被家裡只有兒子的男爵家收養去當童養媳。當時女性和孩子都只是家族中的一介小螺絲釘，收養或是出養小孩如同養貓養狗一樣並不稀奇（夏目漱石也曾於一歲時被送去當養子）。

站在龍之介的角度，位高權重的家庭願意收養自家孩子是件喜事。然而千世聽到丈夫的提議卻怒髮衝冠，她認為無論再貧困，都不能將親生孩子送給別人教養。

「有妳這種頑固愚蠢的媽媽，菊榮一生的好運都要毀在妳手上了！」

「你怎麼會想將自己的孩子送給別人養！我都不知道該說什麼了！」

在現代人眼中，像千世這樣對於母親親自養育子女的堅持是基於母性本能。然而明治時代尚未出現「母性」的概念，千世這般的激烈反應可謂異乎尋常，甚至被視為「頑固」、「愚蠢」的行徑。這應該是因為她曾接受西方教育，培養出尊重個人勝於家長制度的價值觀。菊榮也為此對母親懷著感激之情，她認為自己就算當上了男爵家的童養媳，最後也只會被趕出家門或是自行逃家。而她不需吃上這些苦頭，都是「多虧了母親頑固又愚蠢」。

菊榮在母親嚴格卻充滿愛的管教之下，成長為夢想過於壯大的少女。

（前略）念女校時經常在報上看到關於馬賊的報導，我因此幻想自己有朝一日成為馬賊，在滿州一望無際的平原上策馬奔馳。

（山川菊榮《兩代女人記》）

按捺不住對社會的質疑

菊榮有個同學是天主教徒，在貧民區的托兒所當志工，她向這同學借了以窮人為主題的社會主義小說來閱讀。

原本視野遼闊到夢想當馬賊的少女在讀了這本小說之後，注意力自然轉移到諸多矛盾的社會現象上。她的姊姊也在托爾斯泰（Lev Nikolayevich Tolstoy）的影響之下，成為徹頭徹尾的反戰和人道主義者。姊妹倆蒐集二手物資到貧民區送給有需要的人，儘管她們明白這些對窮苦人家而言不過是杯水車薪。

每到月底，商家小販紛紛來收取菊榮父親因應酬玩樂而賒下的帳。家裡本就沒錢，這些人就算來了也只能摸摸鼻子含淚離去。父親害得比她們家更窮困的人得吃上苦頭，目睹眼前的現實，也加強了她對貧困的問題意識。

日俄戰爭爆發沒多久，菊榮就聽到時常送書給她的森姨丈戰死的消息。身為上校的森，接到長官要求士兵們在猛烈砲火下前進的命令，認為這種戰術只會讓部下白白送死，兩度向長官提出反對意見，最後因軍法規定三次抗命便遭到槍斃。菊榮聽聞森姨丈的死因，深深體會到戰爭是多麼慘無人道又荒謬愚妄。

社會上也處處是問題。她因自己還能過上普通生活而心生罪惡感。正因為在充滿理性智慧的家庭中成長，更不能容忍欺壓弱勢族群的荒誕環境。在菊榮的眼裡，乃至女校教育也是一種詐欺。不同於母親千世的時代，在菊榮身處的年代教育女學生將來要當賢妻良母。就連菊榮為了關心社會而閱讀報紙或小說，老師也會擺臉色表示不贊同。

（前略）學校教導年輕女孩的不是震撼心靈的高尚理想或光明希望，而是低俗的功利主義。我不知不覺萌生出強烈的反抗意識。

（山川菊榮《兩代女人記》）

遇上平塚雷鳥

教育女性要溫柔賢淑，只是為了讓兒子或丈夫出人頭地的「低俗功利主義」。菊榮和姊姊在母親的教導下閱讀了大量書籍，培養出社會觀察的直率眼光以及健全的批判精神。

菊榮從女校畢業之後，找不到合適的學校，最後進入女子大學中難得不強調賢妻良母主義的津田塾預科。她一邊念書，一邊出席眾多演講與聚會，因而認識許多當時著名的知識分子，特別是在認識平塚雷鳥之後，促使她提筆寫起了文章。

其實她原本就有想抒發的題材。從小就熟讀新聞的她，很清楚娼妓處於多麼慘無人道的環境；她也曾親自踏足紅燈區，目睹這些深陷「活地獄」的年輕女性過著什麼樣的日子。

政府怎麼可以將如此慘絕人寰的境地認定為國家制度？與此同時，男性社會主義者卻對於公娼制度往往抱持著不置可否的態度。

即使到了現代，許多人平常雖將自由民主掛在嘴上，遇到涉及下半身的爭議卻同掌權階級沒什麼兩樣。菊榮心想：「既然如此，就由我來寫吧！」眼見伊藤野枝在雜誌《青轄》上批判廢娼運動，她義正嚴辭地反駁，認為不應放任社會公然販賣人口。

此時菊榮接觸了婦女參政權的議題，以及諸如童工、娼妓、女工等社會底層婦女相關議題。另一方面，父親的事業日落西山，債臺高築；高利貸上門討債，母親千世便日日熬夜做裁縫，只為了讓孩子繼續上學。

然而千世的煩惱不僅是維持家計，還要面對債主造成的心靈傷害。她出生於武士家庭，自尊心強，認為遭債主討債即為敗名失德。失去自尊、變得蒼白消瘦的千世，已不復見少女時代的生氣勃勃。菊榮的姊姊出社會後的第一個夏日連假回到老家，看到母親判若兩人的神態不禁悲從中來。菊榮本人則將「家裡值錢之物遭高利貸拿去抵押拍賣」一事寫成趣聞，刊登在平塚雷鳥的小雜誌上。

「左翼夫妻」的真實生活

一九一六年秋天，也就是菊榮二十六歲那一年，她和社會主義者山川均結婚，冠上夫姓，成為山川菊榮。兩人是思想上的同志，也同樣出身沒落武士家庭，所以擅長體力勞動，從木工、裁縫、編織到種田都難不倒他們。

無論是伊藤野枝和辻潤，還是佐多稻子和窪川鶴次郎，這些左派夫妻談戀愛時相處融洽，但婚後家事和育兒等生活重擔往往還是落在妻子頭上，導致最終感情破裂。相較之下，山川夫妻腳踏實地，建立穩健關係，就算遭到祕密警察追捕，生活艱辛，兩人還是努力靠著養鵪鶉維持生計，堅持推行社會運動。

社會學家布迪厄（Pierre Bourdieu）將「在原本隸屬的社會階級中不知不覺培養出的行為」稱為「實踐」（pratique）。這些本來是大少爺的左派運動家儘管在外表現得極為開明，面對自身家庭卻還是要求妻子負起母親「應有」的責任，自己則在外放蕩流連，這種情況或許正是受到社會慣性的強大影響。相反的，山川夫妻面對社會慣性卻能做到一切平等，可謂難得一見的左派夫妻。

夫妻倆做生意得向人低頭，自然算不上輕鬆愉快的工作。菊榮提及她遇上粗野無禮的客人時便會想：「要不是因為我曾經應付過高利貸和祕密警察，培養起高度堅忍的美德，我早就撿起地上的殺雞刀朝那傢伙捅下去了。」看來果然不能與這位女權運動家為敵呢。

第二次世界大戰落幕，山川夫妻的獨子山川振作的第二個孩子誕生。沒多久，千世就過世了，享壽九十歲。臨終時，菊榮等人環繞著她，年幼的曾孫也握著她的手，帶給她極大的欣喜與安慰。然而她是否滿意自己的一生呢？她在明治初期短暫體驗男女平等的風氣，接觸最新的學問增長見識，最終卻沒有機會像女兒一樣在社會中大展身手。

菊榮在後記中回憶母親的一生：「她和當時大多數女性一樣，進入家庭後漸漸失去和社會的互動，鎮日忙於家事、育兒和生計，惟少女時期的回憶是她心靈唯一的寄託。」可知千世反覆與女兒說起的大多是學生時代的回憶。

「失去社會互動」的千世到了現代，卻在意想不到的地方發揮所長。御茶水女子大學歷史資料館的吉祥物「千世」，據說就是以開校當時入學成績掄元的青山千世為原型。當時全日本最會念書的女孩，現在以人生最幸福時期的女校生樣貌持續活在母校之中。

回首迢迢人生路，一切阻礙化我糧；
縱然坎坷多崎嶇，莫道風雨行路難。

青山千世

猛媽 ❹

三島和歌子

《韋馱天：東京奧運故事》中那位勇猛母親

倘若你看過ＮＨＫ大河劇《韋馱天：東京奧運故事》，應該會對白石加代子飾演的三島和歌子留下深刻的印象。本篇介紹的即是那位甩著拐杖刀將飛躍而來的棒球劈成兩半的巾幗鬚眉。

明治時代一群愛玩愛鬧、體格壯碩的男子組成了「天狗俱樂部」，其中最受人矚目的成員，是日本第一位奧運選手——三島彌彥。三島彌彥的母親是三島和歌子，也是前篇提到的暢銷悲戀小說《不如歸》裡欺負媳婦的壞婆婆原型，人稱女西鄉[1]。

關於三島和歌子，一般人較熟悉的身分是日本銀行總裁三島彌太郎的母親，也是日本警視廳首長警視總監三島通庸的妻子。後者當時因鎮壓自由民權運動，經常有生命危險。

三島和歌子總是隨身攜帶拐杖刀[2]為史實，只是她隨身帶刀的理由不是為了劈砍棒球，也並非被電影版《不如歸》所激怒，而是為了保護丈夫的安危。奧運若有「護衛丈夫」這項競賽，相信她毫無疑問能獲選日本代表。三島和歌子就是這樣一位為丈夫犧牲奉獻的女性。

初戀對象是男人中的男人

和歌子出生於一八四五年，是薩摩藩士柴山權助景秀的次女。她在青春時代就暗戀哥哥龍五郎的好友三島通庸。

通庸打從少年時代每日雞鳴即起，努力練習三島家世代相傳的大鼓，是受到父親肯定的「男人中的男人」。然而武士家庭不可能允許子女戀愛結婚，和歌子在十四歲時奉兄命嫁給另一位薩摩藩士森岡昌純。和歌子不願出嫁，強烈抵抗，龍五郎怒吼道：「妳這傢伙再不聽話，連同轎子一起丟進河裡算了！」九州男兒真是粗暴。

然而比起和歌子的哥哥，森岡家的婆婆更是可怕。和歌子日日於清晨五點起床做早飯，才睜眼就得一路忙到半夜三更。

結婚才沒幾年，夫家就趁兒子離家時將媳婦趕回了娘家。看來和歌子並非《不如歸》裡描述的壞婆婆，反而是被婆婆逼著離婚的可憐媳婦。

1　西鄉指的是薩摩藩武士西鄉隆盛，為建立明治政府的功臣之一。
2　明治時代頒布廢刀令，原本刀不離身的武士階級將防身刀具改造成雨傘、拐杖等外形以避人耳目。

被迫離婚的理由是龍五郎隸屬薩摩藩中的攘夷派，因為參與一八六二年的薩摩藩士肅清事件而遭到處分。

三島通庸也由於同一起事件遭到處分，暫居柴山家。和歌子與通庸兩人的距離迅速拉近，青春時代的初戀也終於開花結果。

愛上了就徹底奉獻

三島家境雖貧困，但通庸畢竟是和歌子自小憧憬的理想對象，能和真心喜歡的對象結婚自然再高興不過，更何況是一度放棄的初戀。通庸為了改革國家而奮不顧身，望著這樣的丈夫，和歌子認為自己的生命意義便是為夫君犧牲奉獻。

不久，明治維新成功，薩摩藩的代表大久保利通認為三島通庸有功，拉拔他擔任東京府[3]參事，之後又陸續任命他執掌山形、福島縣令。然而通庸在東北負責建設道路等基礎設施時卻因行徑過於苛刻，引發民怨。

他在擔任福島縣令時期，為了推動道路工程建設，強制號令「十五到六十歲的民眾，不論男女，兩年之內每月必須服勞役一天，不能履行者須繳交罰金」，因此被稱為「閻羅縣令」。如此強硬作風，自然引來自由民主運動家的異議，通庸見狀派出武力鎮壓社運人士，逮捕了多達兩千人（史稱福島事件）。除此之外，通庸於一八八四年就任栃木縣令時，遭到十六名自由黨激進派成員策畫暗殺未遂，史稱「加波山事件」。

丈夫「時時刻刻被三名刺客盯梢」

薩摩藩的風氣為「女子無才便是德」，因此和歌子並不懂政治。

「為什麼充滿男子氣概的丈夫為了國家奉獻、辛勤工作，還會遭人怨恨呢？」丈夫的生命愈是受到威脅，在和歌子眼中愈是「為國家搏命的人中龍鳳」，她多半就是從這時候開始帶拐杖刀出門的吧。

通庸日後回到中央擔任警視總監，成為執行《保安條例》的總指揮。這項法律鎮壓了自由民主運動，此後至少有三名以上的刺客無時無刻威脅著通庸的性命。

身為男人中的男人，通庸毫不在意自身安全，出門也不帶保鑣。和歌子為了保護

3　現在東京都的前身。

丈夫，總是隨身攜帶拐杖刀，隨侍在側。每到轉角便走在丈夫前方確認是否有刺客埋伏。又好比去到博覽會等人潮眾多的場所，她同樣會緊跟前後，只差是將拐杖刀換成了懷中短刀。讓她一個女人家負起了政要人物的護衛職責，自然是無心觀賞博覽會了。

即使人在家中，她也無法鬆懈。比方說，睡覺時刺客也可能從榻榻米地板下方以長刀刺殺，所以她讓丈夫睡在三樓，深夜十一點過後便獨自牽著黑狗、揣著拐杖刀至房屋周邊來回巡視。等到徹底巡行結束才放下心來，上三樓休息，拐杖刀則依舊擺在身邊。

丈夫清晨五點起床，和歌子也跟著醒來。有個隨時可能遭人暗殺的丈夫，連睡眠都難以安穩。面對這樣的父母，次女峰子形容：「為了父親大人，母親大人連自身性命都可拋下。」

和歌子為丈夫如此犧牲奉獻，作為母親的表現又是如何呢？連同住在一起的庶子，她要照顧的子女人數多達十二人，且傳聞她對所有孩子一視同仁。當時那個年代對於嫡子與庶子的待遇往往如雲泥之別，尤其是將來要成為一家之主的嫡長子更不用說。相較於明治時代的其他母親，和歌子的態度可說是非常罕見。

《韋馱天》劇中並未提到三島彌彥為三島家的五男，而且是妾生的庶子。貴族階級出身的正室居然肯親自為小妾生的兒子將日本國旗縫在運動服上，這在當時應該也是罕事一樁。倘若彌彥小時候就被送去其他人家當養子（這在當時並不少見），或許便不會就讀運動風氣興盛的學習院，也不會成為一名運動員、進而在體壇嶄露頭角。

和歌子並不識字，所以應該不是讀到什麼理論才擁有這種平等意識，況且那些追求自由平權的社運分子總是想奪取她丈夫的性命，可謂她的天敵。她會有這樣的言行恐怕是因為連育兒都是她為丈夫犧牲奉獻的一環吧。平時妾的小孩生重病時，她比親生子女生病時更加擔心：「要是那孩子死了，我怎麼對得起丈夫。」重要的不在於親生與否，而是那些孩子是丈夫的孩子。

但對她而言，丈夫與其他女人發生關係還是令她心痛。她曾經悄悄告訴孫女：「半夜聽到妳爺爺躡手躡腳去妾的房間，我很心痛。」或許對於丈夫的情感愈是深厚，隱藏內心的苦痛也更為沉重吧。

和歌子關愛的對象似乎也不僅限於丈夫的孩子，例如寄住於家中的陸軍少校，當他剛出生的小寶寶痙攣時，即使她臥病在床也會飛奔去照顧。這份愛甚至廣及寵物，連外面的野狗跑來找家中的母狗，她都覺得母狗的伴侶好可憐，抄起棒子就趕走野狗。等到孩子長大成人，她連媳婦、女婿和孫媳婦都一併疼愛。

當她帶著孫子三島通陽的未婚妻去看戲時，家人問她：「媽媽，妳帶阿通的新娘去看戲很開心吧？」她微笑回答：「對啊，沒有比這更高興的事了。」親戚一致認為她和《不如歸》中描述的可怕婆婆根本是天壤之別（不過彌太郎第一任妻子罹患結核病後，在和歌子的強迫之下離婚，可能因此遭到女方的怨恨吧）。

突如其來的悲劇

和歌子人生最大的悲劇發生於一八八八年的夏天。某日三島通庸帶著孩子去運動場。那天通庸返家後走去浴室時突然腦溢血，情況危急，幾乎可能當場喪命。多虧和歌子平時連丈夫去浴室都隨侍在側，她見狀趕緊通知醫師，通庸才撿回一條命。

當眾人扛著轎子抬走通庸時，她打著赤腳在雨中伴隨奔跑，絲毫不聽旁人勸阻。就算醫師告訴她：「三島太太，再這樣妳會死的。」她還是拿著拐杖刀喊著：「死了也無所謂！」即便淋成了落湯雞也要緊跟在通庸身邊。

接下來的日子和歌子不吃熟食[4]，六十天沒鋪被子睡覺，始終隨侍在側。儘管她全心全意照顧丈夫，通庸還是在同年秋天過世。

薩摩藩的教育法典「鄉中」

通庸過世之後，已成年的長子彌太郎繼承家業。但和歌子還是以王后架式君臨三島家。

彌太郎會與和歌子商量工作之事，每天上班前也會從主屋到母親居住的別屋跪拜問安，和歌子便一路送他到玄關。直到彌太郎年過五十，和歌子依舊會叮嚀他：「出門在外，要注意言行。」

和歌子沒有受過正式教育，她教養孩子是以薩摩藩獨特的青少年教育制度「鄉中」為依據。

她的曾孫阪谷芳直後來在《黎明時期的女性　幕末明治時代的阪谷、澀澤、三島、四條家》書中重現母親（也就是和歌子的孫女）從和歌子口中聽來的部分「鄉中」內容：

要聽父母的話。

4　類似發願吃素，祈禱願望實現。

人家不願給的東西不可以強索。
人家不願借的東西不可以強求。
要練字；要看書；要認真學習。
不能破壞籬笆將竹木拔起來當劍玩。
不准碰別人家樹上結的果子和裝飾品。
不可以說謊。

若是小孩違反這些規定，大家會說：「要捏屁股了！」然後一起動手：「捏下去！捏下去！捏捏捏！」這樣算是懲罰的話，實在是很可愛的管教方式。

在彌太郎之後繼位的是他的長子通陽。他表示和歌子對於預定成為一家之主的男性家人往往較為嚴格。和歌子常對孫子說：「男人要隨時做好上戰場的心理準備，無時無刻都要雄壯威武、大器豪爽、渾身男子氣概。」

身為薩摩藩士的女兒，她終身抱持「男子必須為國為君奉獻」的價值觀，至死不曾改變。若不是為國為君奮不顧身的一家之長，就不值得讓人犧牲奉獻。自始至終犧牲奉獻的那一方如此主張也是理所當然。因此只要稍微睡過頭、動作慢一點或是想哭泣耍賴，和歌子便會毫不留情地訓斥。她還曾經親自指導長男彌太郎劍術。三島彌彥在天狗俱樂部中舉止粗魯野蠻，或許是因為強烈憧憬和歌子的氣慨。

《不如歸》騷動的真相

對於彌彥要代表日本出賽奧運，和歌子真的曾經像連續劇裡演得那樣強烈反對嗎？

首先是三島家的家主彌太郎曾經長期在國外生活，了解運動是怎麼一回事。據說當弟弟彌彥表明「要出國比賽」時，彌太郎只說：「出國參加運動比賽很了不起。」既然家主贊成了，和歌子身為薩摩藩士之妻自然不可能反對。當然，或許她並不了解國際運動比賽是怎麼一回事，卻還是寄了一封信給遠在斯德哥爾摩的彌彥：「倘若眾多項目之中有一項能獲勝，眾人該有多麼高興啊！」可見彌彥在她眼中肯定也是「為國為君」奮戰，值得自豪的寶貝兒子。

至於劇中也提到的《不如歸》騷動，和歌子實際上又是做何反應呢？根據三島彌太郎（《不如歸》中丈夫角色的原型）第二任妻子的姪女大河內富士子表示，和歌子知道《不如歸》的內容之後的確大發雷霆。

在連續劇中，和歌子是看了電影才知道內容，而實際上和歌子是看舞臺劇知道的。據說她原本就聽聞德富蘆花的暢銷小說《不如歸》是以三島家為原型撰寫，只是她從未好好學過讀書寫字，想必不會去閱讀原著。直到改編成戲劇，才向家人表示想去瞧瞧。彌太郎的第二任妻子十分頭疼，家裡人也拚命阻止，畢竟當事人看了鐵定會勃然大怒。和歌子仍獨排眾議去看了戲，回家之後抱怨連連：

「我什麼時候說過那些話了？」

「蘆花真是個壞心的傢伙。」

和歌子在心愛的丈夫過世之後又對全家族投注親情長達三十五年，最後在一九二四年病倒，享壽七十九歲。據說入殮後，年幼的曾孫哭著說想見曾祖母一面，於是家人又打開棺材，齊聲哽咽。

和歌子跟隨通庸一同埋葬於青山靈園，緊鄰相伴的墓碑彷彿依偎在丈夫身旁。三一一大地震發生時，靈園也受波及。通庸的墳墓遭受強烈損壞，萬幸的是沒有全毀；和歌子的墳墓則毫髮無傷。這位女中豪傑或許直到現在都還在保護她的丈夫。

歷史上有許多脫離常軌的女性，只能以「猛烈」來形容。關於她們驚世駭俗的事跡，一般人實在望塵莫及。

阿格里皮娜（Julia Vipsania Agrippina，15～59年）

「要刺就刺這裡吧！皇帝就是從這裡生出來的！」

阿格里皮娜是羅馬帝國第五任皇帝尼祿（Nero Claudius Caesar Augustus Germanicus）的母親。尼祿還在她肚子裡時，占星師告訴她：「妳即將生下的孩子將來會成為皇帝，可是有朝一日恐怕會殺死身為母親的妳。」聽了這句話，她高興地吶喊：「要是我的孩子能當上皇帝，殺了我也無所謂！」這句話為她的人生埋下伏筆，後來成為眾所皆知的故事。

阿格里皮娜想藉由攝政以掌控政局，後因尼祿認為她干涉過多而遭到疏遠。尼祿不僅將母親趕出皇宮，還聽信情婦讒言企圖暗殺母親。就在阿格里皮娜即將遭刺客殺害的那一刻，她拉起睡衣的裙襬大喊：「來吧！要刺就刺這裡吧！皇帝就是從這裡生出來的！」

武則天（625～705年）

「處以骨醉之刑。」

武則天是中國歷史上唯一的女皇帝，也是中國三大惡女之一。她原本是唐高宗的才人，因為玩弄權謀，透過殘殺自己剛出生的嬰兒並嫁禍於王皇后等手段爬上皇后寶座。她監禁王皇后，還砍掉她的手腳，將她丟進酒甕裡：「讓她全身醉到酒精滲透骨頭、痛至骨髓才好！」稱之「骨醉之刑」，殘忍折磨至死。之後又陸續殺害自己的兒孫，更建立告密獎勵制度，全國官僚無不悚然心驚。雖個性凶殘，但流傳她傾國傾城、政治手腕高強，許多連續劇與電影都以她為主角編寫。

卡特琳娜・斯福爾扎（Caterina Sforza，1463～1509年）

「要殺就殺，反正我隨時都能從這裡生出來。」

卡特琳娜是義大利的女中豪傑。她是米蘭領主的女兒，經由政治聯姻而嫁給伊莫拉（Imola）與弗利（Forlì）的領主。她在十五歲時產下第一子，十六歲時生下第二子，很快便成為六個孩子的母親。卡特琳娜的丈夫死於人民起義，她和六個孩子都因此被捕。她向反叛軍表示願意前往城裡說服士兵，進城後卻遲遲未歸。反叛軍失去耐心，朝城堡前進，並拿著劍指向她的子女威脅道：「妳再不出來，我們就殺了這幾個小孩。」沒想到卡特琳娜站出來，掀起裙子高聲喊叫：「要殺就殺，反正我隨時都能從這裡生出來。」

反叛軍嚇得目瞪口呆之際，卡特琳娜的援軍趕到，子女們終平安獲救。當時卡特琳娜才二十五歲，不愧是年輕多產的母親，才有這種說服力。

布倫瑞克－沃爾芬比特爾的卡羅琳（Caroline of Brunswick-Wolfenbüttel，1768～1821年）

「要是每天跟孩子見面，有時講話變得不客氣也是難免的吧。」

卡羅琳是英國國王喬治四世（George Ⅳ）的王妃。喬治四世人稱「愚蠢國王」，卡羅琳因而成為「愚蠢王妃」，兩人一同打造愚蠢夫妻傳說。據說喬治四世看到卡羅琳美麗的肖像畫而求婚，初次見面時卻嫌棄她體味太重。婚後兩人生下獨生女夏洛特公主（Princess Charlotte of Wales），不久便分居，夏洛特交由家庭教師撫養長大。

卡羅琳雖然撫養許多孤兒，卻和夏洛特分開生活，而且一星期只見一次面。她的理由是親子不應該太常相處，「要是每天跟孩子見面，有時講話變得不客氣或大聲斥責也是難免的吧。但是我們一星期只見一次面，總是能以新鮮的心情面對彼此。」

維多利亞女王（Queen Victoria，1819～1901年）

「想到兩個女兒都和乳牛沒兩樣，我就不寒而慄。」

維多利亞女王是英國漢諾瓦王朝（House of Hanover）第六任女皇，十八歲即位，育有四男五女。她在生產四男時嘗試使用三氯甲烷麻醉，是日後歐洲無痛分娩普及的濫觴。

她本人依循英國皇室的習慣，將孩子交由奶媽哺乳。然而次女愛麗絲公主（Princess Alice of the United Kingdom）等人長大成為人母之後提出要自己哺餵子女的要求。儘管她強力反對，卻無法改變女兒們的決心。對於女兒們選擇自行哺乳，她留下文字紀錄表示：「想到兩個女兒都和乳牛沒兩樣，我就不寒而慄」，還將皇室酪農場中的一頭牛命名為「愛麗絲公主」。

赤染衛門（約956～1041年後）

「願公知我心中意，憐我殷殷慈母心，望子早日入仕途，功成名就展鴻圖。」

赤染衛門是平安時代中期的歌人，才高八斗，不僅靠著文采協助丈夫的事業，連兒子大江舉周找工作時，她也奮不顧身，寫了一首和歌：「願公知我心中意，憐我殷殷慈母心，望子早日入仕途，功成名就展鴻圖。」寄給當時掌權的藤原道長之妻倫子，幫兒子謀得和泉太守一職。

她甚至替子女代寫情書，但情書成效不佳。她幫兒子吟詠和歌，雖讓高階明順之女為舉周生下一子，不料女方後來逃跑，落得她得親自照顧孫子的下場；舉周之後又愛上不具文采的女孩，她再度替兒子吟詠了四次求婚的和歌，可惜女方持續無視；她代替長女吟詠的和歌也吸引不了好漢來追求，或許是和歌寫得太巧妙，立刻遭人看破是媽媽代筆的吧！

義姬（1548～1623年）

「遙憶稚子垂髫時，庭前親植松木苗，重重偃蓋已成蔭，男兒志氣欲凌雲。」

義姬是江戶時期第一代仙台藩主伊達政宗的母親，連續劇等文藝作品經常將她描述成一個壞女人，例如說她「溺愛次子勝於因病失去右眼視力的長子政宗，甚至試圖毒殺親生兒子」。眾人對她的印象皆是「戰國時代數一數二的毒母」。在傳出毒殺未遂之後，卻可從母子間的信件往返看出兩人其實感情深厚。

政宗：「經年離亂終相逢，萬千感慨思無窮，惟願北堂遐齡永，萱花不老竹長青。」

義姬：「遙憶稚子垂髫時，庭前親植松木苗，重重偃蓋已成蔭，男兒志氣欲凌雲。」

因此毒殺未遂事件極可能是捏造出來的謠言。據說她還親手縫製了提袋送給媳婦愛姬。或許她並不是個壞母親，而是戰國時代擅長做手工藝的溫暖媽媽。但史實真相如墮五里霧中。

猛媽 ❺

鳩山春子

明治時代「大冒險」的教育媽媽始祖

日本有位熱心教育的「佐藤媽媽」，子女在她一手栽培下全都考上東大。幾年前，她曾表示「戀愛有礙考試」，引發眾人議論，紛紛批評她連孩子戀愛都要插手，然而次子在臉書上發布的辯護文卻廣受各方稱道。

「謝謝大家的關心。家母不過是一介主婦，不僅沒有任何資格，也不背負任何社會責任，懇請大家多多包涵。」

「家母非常疼愛我們，有時難免會炫耀孩子過頭。」

一般認為過度保護孩子又熱心教育的媽媽們容易溺愛小孩，養出無主見的媽寶。然而當母親的行徑過分極端時，或許反而會培養出視母親為「特殊的他人」之子女。這樣的子女將母親視為獨特的個體，一路成長為性格獨特的好人……看到佐藤家的孩子發文為母親說話時，我不禁為其深深感動。

教育媽媽的先驅

說到行為舉止太過誇張，甚至到引人發笑的教育媽媽，便不得不提這個領域的先驅，也就是賢妻良母教育界的大老——鳩山春子。她是日本第五十二至五十四任首相鳩山一郎的母親，也是第九十三任首相鳩山由紀夫和政治家鳩山邦夫兄弟倆的曾祖母。鳩山春子雖是知名教育家，卻因許多作法及其個性過於極端，經常受到日本人揶揄。

她出生於一八六一年，是松本藩武士家庭七名子女中的老么。從小聰明伶俐，自學百人一首[1]和織錦。她和兄姊的年齡相差甚大，集全家人的寵愛於一身。

當時注重學問的父親為了接班人之事傷透腦筋。由於長子早逝，便想讓家中僅存的男孩——次子去東京慶應義塾念書。然而謠傳他在東京玩樂，根本無心向學。父親為此十分煩惱，希望身邊至少有個勤奮且有志於學問的聰明孩子，此時映入眼簾的正是幼小的春子。她看到被拿出來曬太陽驅蟲的四書五經，感到興致勃勃。聽聞女兒天真地表示想讀書，父親一時高興便讓還沒上小學的春子去附近的漢學私塾學習。

論語和詩經聽在孩子耳裡就像是無法理解的咒語。儘管如此，春子因為極想聽到母親的稱讚，於是坐在眾多男同學之中努力背誦漢文。春子總在天還沒亮便前往老師家，日日皆是最早到的學生。她去一位老師家不夠，竟每天帶著五本書，輪流去五位

1 一百位歌人吟詠的和歌，類似中國古典詩歌中的唐詩三百首。

老師家上課。如此孜孜不倦、勤學不懈，程度自然遠遠超過同儕。其他學生看了很不是滋味，有人甚至出於嫉妒而拿石頭攻擊她，其中一塊石頭砸到了額頭，當場流出鮮血，染紅了春子的左臉頰。但她不哭也不鬧，默默走回家讓母親幫忙擦藥。

或許是因為遭到男孩子集體霸凌，春子自此對外貌感到極度自卑。明明母親和姊姊都那麼漂亮，為什麼只有自己相貌如男人般粗獷呢？她曾經質問母親：「為什麼把我生得這麼醜？」母親不知該如何回答，只是舉起袖子撫著自己的臉流淚：「妳生得好手好腳就該滿足了。」春子聽見這句話並沒有鬧彆扭喊著：「媽媽居然不否認把我生醜了！」而是告訴自己不准再說類似的話惹哭溫柔的媽媽，並且發誓：「像我這樣的醜女，一輩子都別想嫁人了，從今天起就當自己是男人，發憤向學吧！」

頂著英語科「狀元」光環畢業

另一方面，父親見春子如同自己一樣專心治學，也非常疼愛她，認為應該送她去東京念書。春子十三歲那年春天，父親奉中央政府之命前往東京，春子便與他一同離開家鄉，進入竹橋女校就讀。這是日本第一所女子中等教育機構，成立於一八七二年，校風開放進步，課程以英語為重。

從鄉下來的春子面對英語是一個頭兩個大，於是請來美國女教師替她補習。春子想盡辦法追上進度，十分用功，晚上若想打瞌睡便會拿針扎自己。原先父親在老家時總擺出一副大男人的架子，不知為何和春子兩人生活時卻變得格外溫柔，食衣住一手包辦，讓春子得以全心投注於課業，終於在入學後第三年拿到英語科目的最高級分。

可惜順遂的時光總是短暫，竹橋女校在一八七七年突然廢校，主要理由是西南戰爭[2]造成政府財政困難，另一個理由則是過去的武士階級看不慣年輕女子西化，認為「女人熱中於背英文真是不像話」。春子因打擊過大，躲在倉庫裡鎮日落淚不止。

竹橋女校的學生後來皆轉學編入東京女子師範學校新成立的別科英語科（現在的御茶水女子大學附屬國高中）。由於保守階級反對西化，學校裡甚至沒有外籍講師。春子覺得這裡的課業過於簡單無趣，於是搬到美國籍女教師住家附近的宿舍，並以英語原文書學習歷史與理科等學科。一八七八年，春子以第一名的成績畢業，並且於畢業典禮上以英語朗誦畢業論文。乃至兒子出生長大後，春子都還會向他們炫耀這件事。

2 一八七七年二月到十月間，由西鄉隆盛領導的武士集團與明治政府間的戰爭，被稱為是日本最後的內戰。

春子畢業之後進入東京女子師範學校師範科本科，不到一年她的學業成績便受到校方認可，獲選至美國留學。當時僅三名女學生入選，春子便是其中之一。父親對於春子的成就深感榮耀，從家鄉叫來其他女兒，春子準備留學之際也雀躍了四個月。

然而春子此時再度蒙受打擊。留學之路上竟殺出程咬金，一位內閣官員表示：「女性深入學習美國教育並不符合日本的民族性。」於是留學計畫硬生生在出發前夕畫下休止符，可以想見當時春子是多麼傷心。但課業已經落後同儕四個月之久，不是沉浸於悲傷的時候。為了不讓父親更加失望，就算已至就寢時間，她仍會躲進壁櫥裡，點起蠟燭繼續悄悄念書。春子此舉偷偷摸摸有如竊賊，卻也接二連三出現了模仿她的少女。由此可知，當時許多女學生都甘願將心力大量投注在學問上。

作風開明的丈夫不要求妻子做家事

離春子預定畢業的日子還有一年，此時有段姻緣找上門。法學家鳩山和夫在留學歸國後，想找個會說英語的女性結婚。聽聞此事的她，儘管已下定決心此生不嫁，要一輩子奉獻給學問，但遇上眾人稱羨的知識分子主動上門求婚不免心生動搖，便交由父親作主。一八八一年，春子從女子師範學校畢業，站上講壇教授學問，然而執教鞭僅三個月便辭去工作，成婚進入家庭。

春子從小到大只會讀書，從沒學過家事，可婚後便立即與婆婆、丈夫三人共同生活。什麼也不會的她不知所措，丈夫鼓勵她：「沒事做就念書吧。丈夫在外工作，妻子卻一點也不明白丈夫的工作內容，那夫妻生活未免太過無趣。妳要是能了解我的工作，就是對我很大的鼓舞了。」

於是她依照和夫吩咐，讀起法律和經濟相關書籍，並且負責重新謄寫和夫的稿子。和夫作風開明，不僅不會強迫妻子做家事，甚至主動對妻子表示歡迎朋友來家裡玩，閒暇之餘也會加入她們的聚會。以當時「未嫁從父、出嫁從夫、夫死從子」的社會環境來看，春子的婚後生活自由自在到不可思議的地步。即便如此，她卻未曾受到婆婆欺負。這是因為和夫在婚前就預先對母親報備過，他不會帶個讓母親滿意的妻子回家，母親若需人服侍不如直接找個合意的傭人就好。

沒多久，和夫成為獨立執業的律師。當時日本人稱律師為「代言人」，必須前往委託人家中聆聽諮詢，還得看對方臉色行事，社會地位並不高。對此心懷憂煩的和夫，成立了日本第一家律師事務所。當時春子的肚子裡已經有了長子一郎。

在孩子面前維護母親的尊嚴

「我不擅長家事，唯一的優點是懂教育。」——春子因此全心投入胎教。

她閱讀英雄傳記，將小說《經國美談》譯成英語；也下田勞動，鍛鍊身體；還勤學繪畫，培養胎兒品味。她雖將胎教做到萬無一失，可是即將成為母親的自己始終耿耿於懷的就是，她的父親總是在孩子面前嘲弄她最愛的母親，視妻子為下人看待。她認為正是因為父親長年下來從不尊重母親，兄長們才會不聽母親教誨，淪落放蕩。

一八八三年，春子剛誕下長子一郎，便雙手撐地，跪伏在和夫面前懇求道：「倘若我犯錯，請在孩子看不到的地方喝斥我，可絕對不要在孩子面前怒罵我。瞧不起母親的孩子將來不會成大器。」

她同時提出另一項要求：希望孩子的教育全權交由她負責。當時教育子女是一家之主的責任，一般人認為「愚蠢的母親」承擔不起這般重責大任，而春子的提議完全打破世俗常規。縱然如此，和夫接受了她的請求，並且至死遵守兩人的約定。長子一郎回憶，他一生從未見過父親斥責母親。

長子一郎出生一年又一個月後，春子產下次子秀夫。她聽聞西方人認為母親若忙著餵母乳，會盡不了當妻子的義務，於是早早以牛奶替代母乳。

產後一個月，鳩山夫妻便聯袂參加東京府知事官邸舉辦的晚宴，這正是以牛奶養孩子的好處。假若是現代的名流之士，孩子剛滿月就改喝牛奶，母親還跑去參加派對，肯定立刻成為社群上批評的箭靶、遭到眾人大肆抨擊。但是依照春子的說法，這麼做是為了盡到賢妻的義務。

日本的母親在照料子女上有如奴隸，往往忽略了丈夫；而丈夫將子女完全交給妻子，以致子女出生之後再也無法享受家庭生活，便在外流連。如此夫妻間的情感自然難以加深，兩人同樂之事亦隨之減少，丈夫在家快活不起來，就在別處過夜，家庭因而籠罩在悲慘的陰影之下。以牛乳取代母乳，妻子才有機會在成為母親之後仍舊同過去般自由行動。

（鳩山春子《鳩山春子　我的自敘傳記》）

春子產後沒多久便返回職場。次子秀夫出生後四個月，她接受母校邀請，重執教鞭，更進一步與竹橋女校時代的恩師宮川保全等人攜手，為建立對女性傳授實踐教育的學校一同奔走。一八八六年成立的共立女子職業學校（現在的共立女子學園）便是眾人的心血結晶。春子不僅在母校教書，也擔任這所共立女子職業學校的教授。

縱使在這個年代，也罕有女性能於產後四個月便重返工作崗位。但春子急著回到職場有她的明確理由：

和夫工作繁忙，教導兒子的責任自然落在我頭上。我的英語能力雖可教授閱讀翻譯，發音卻有待加強，要是教了錯誤的發音就糟了。可是身為媳婦畢竟得顧慮婆婆的觀感，我若為了興趣去上英語會話課，心裡實在過意不去。回來繼續教書，一方面能持續精進自己，另一方面也能再跟著外國人學英語。

（前略）為了充分且正確地指導子女，必須用心準備與精進，所以我主動積極利用這個機會。

（鳩山春子《鳩山春子　我的自敘傳記》）

無論是為了胎教而學畫，還是火速將母乳換成牛奶，抑或是三兩下便重回職場工作，當真全是為了丈夫與兒子嗎？相信不只我懷疑春子的動機。

我想春子是真的很喜歡讀書。而她從小遭到男孩集體欺負；學校突然廢校；失去留學機會……這些皆是因男人一時興起「女子無才便是德」的念頭所導致的結果。因此想要繼續念書，還是需要像父親或是丈夫這樣愛好學問的男性支持才行。為了持續走在自己熱愛的道路上，就得增加男性夥伴。春子的人生中吃過好幾次苦頭，這才打造出「女人愈是愛念書，就愈是能為家庭奉獻的賢妻良母」這樣的鎧甲來武裝自己，藉此懷柔掌權的保守男性。

凌晨三點半起床叫幼兒園子女「念書兩小時」

除了不擅家事與處理生活瑣事之外，春子的確對子女的教育全力以赴。她認為刺激感官的遊戲比填鴨式教育更為重要，她會彈鋼琴與風琴哄孩子，也會鼓勵孩子運動，並購買智育玩具給他們。

孩子甫上幼兒園，她便每天凌晨三點半將他們從睡夢中叫醒，在旁盯著孩子念書兩小時。

當時的主要科目是英語、漢文、數學（算數）。那個年代還沒有習作本，所以從幼兒程度的加法到代數幾何都是由春子在筆記本上出題。先是反覆練習相同的題目，再慢慢加深難度，相當於現代的公文式數學。這種作法似乎很適合鳩山家兄弟倆，兩人的學習程度都顯著提升。

然而當長子一郎要報考舊制第一高等學校（現在的東京大學教養學院）時，即便春子這麼厲害的女性也很難親自指導兒子數學。為了拚命跟上第一高等學校的數學程度，她念書念到消瘦憔悴，兩個兒子看不下去，提出建議：「母親愈來愈消瘦，還是先睡飽比較重要。」從小持續到大的瘋狂晨間學習時光才終於畫下句點。

令人跌破眼鏡的是，春子規定讀書時間只到上午，下午不准坐到書桌前，取而代之的是圍棋和將棋等棋類活動。在那個年代，圍棋的地位比現在的電動玩具還低，人稱「會毀滅國家的遊戲」，她卻是親自教導兒子下棋。除此之外，她還讓兒子接觸撞球、網球、槌球、園藝、鋼琴、歌唱、體操和游泳等當時能做的所有娛樂。

春子和許多成功人士往來，這群人之間流行的風潮便是玩女人，他們認為這是榮華富貴的頂點，而且是最高級的樂趣，這令春子十分擔憂。她認為這些掌握金權的仕紳之所以如此沉迷於違背道德倫理的男女之情，即是因為從小教育環境讓他們只沉浸於教科書，才會不懂得何謂正當娛樂。

根據她的見解，日本人為了出人頭地，長期抑制欲望、拚命努力，全然不敢懈怠。因此誤以為自由是「聽從本能的粗暴行徑」。學生不知如何打發閒暇時間，才會炫耀自己做了哪些蠻橫之舉；或是在別人用功念書之際因自己做了哪些壞事而自滿。這種人縱然考上好學校，出人頭地之後也好不到哪裡去。「因為除了學業之外，沒有接受過任何基礎教育，這才沉溺於性慾這種最低等的娛樂。」春子啊，妳這話實在太明白了。

所有娛樂當中，春子最推崇的是圍棋。圍棋可以培養思考能力與當下迅速準確的判斷力；沒有機會暫停，才能鍛練決斷與放棄的修養；能夠訓練敗北卻不悔恨的心態，有助於陶冶心性；此外，下圍棋甚至有助於訓練溝通能力，簡直是滿載著成功祕訣的有益娛樂。

然而無論讓孩子從事多少娛樂消遣，她都覺得不該讓孩子熬夜。加上極端克己的早晨學習時間，兄弟倆一到晚上七點便打起了瞌睡。每晚睡前，春子都會提醒兩個兒子：「你們一定要記得眼前如神明般偉大的爸爸賜予你們的恩惠。」小孩睡前必須對父親表達感謝之意，方能就寢。這是何等理想的家庭啊！

可惜的是黑岩淚香[3]在《萬朝報》發表的人氣連載〈納妾實例〉（一八九八年）揭露和夫其實有好幾名情婦。不僅如此，長子一郎雖娶了女子學院畢業的才女，卻也讓情婦懷孕生子，成為媒體報導的一大醜聞。看來圍棋依舊阻擋不了外遇事件，春子的努力化為泡影。

政治家族——鳩山家的起源

儘管如此，春子沒有留下任何怨恨丈夫或是兒子的文字。

從和夫出馬選舉的故事看得出來，她崇拜先生不只是嘴上說說而已。和夫認為選舉是國家選賢與能，不該自行積極主動拉票，選舉事務所於是委託春子助選。當助選員需要相當強大的心理素質，因為當時沒有《公職選舉法》，選舉活動充斥暴力衝突，暴徒跑來事務所揮拳甚而持刀傷人都是家常便飯。但是春子為了丈夫，不惜豁出性命，親自拜訪那些具有影響力的大人物。在她鍥而不捨的付出之下，鳩山和夫終於在一八九二年當選眾議員，鳩山家從此登上政治舞臺，為這個橫跨五代的政治家族揭開序幕。和夫死後，年僅三十的長子一郎繼承父親的選區，出馬角逐眾議員，自然又是春子主動請纓，持續挨家挨戶拜訪。

無論何時何地，春子總是對和夫滿懷感激。

「不像大多數的日本婦女，我不會說恭維的話也不懂得拿捏分寸，更不熟悉禮節規範，行為舉止一如男性」，也就是說像自己這樣缺乏女性魅力的女子，多虧和夫「挑選妻子時不重視外表，著重思考能力」才結得了婚。海歸派的和夫作風開明，自己之所以有今天都是因為丈夫肯定了她的存在價值。和夫之於春子就如同拯救自己的「神明」。

「我和鳩山結婚，生了一郎與秀夫，實在是再幸福不過，對此我總是心懷感激。像我這樣的女子，缺乏吸引男性的手腕，若是採取西式自由戀愛法肯定結不成婚。必須如日本這樣，兩人之間有個媒人能熟悉彼此的個性習慣，冷靜考量後

3　一八六二～一九六〇，日本明治時代的翻譯家、記者、推理小說家。

再認識。我很明白光靠誠實勤勉是結不了婚的，所以無論處在何種境遇，我都不曾感到不公不允。我這般灰容土貌的女人最幸福之事便是現在的生活。要是沒和鳩山結婚，我應該會單身一輩子。」

（鳩山春子《鳩山春子　我的自敘傳記》）

對於「美女」的競爭意識

她雖然寬以待丈夫，卻嚴以律美女。平塚雷鳥等大正時代的女性主義者都被她視為容貌姣好卻耽溺戀愛的愚蠢女子，時常以猛烈炮火攻擊她們。

例如「妳們以為美麗的外貌能撐多久呢？為什麼沒發現女人很快就會成為滿臉皺紋的黃臉婆呢？（中略）時下正流行著令人困擾的思想，這實在是麻煩的問題」（〈認為戀愛萬能的新女性〉《時事評論　八（七）》一九一三年）。她對於無才無德、只憑美貌便飛上枝頭當鳳凰的女性，敵對態度更是露骨：

這些美女婚後進入家庭，不用想也知道肯定當不了賢妻良母。她們多半和品格低劣的妓女一樣，僅靠外表擄獲丈夫歡心好過日子。成天忙著保養顏面避免老態，又著重穿著打扮、講究梳妝姿容，乃至為此一擲千金、耗費光陰。蠢女子們為了滿足如此虛榮的需求，擠壓家計，進而教唆丈夫染上惡習，藉由收賄等管道增加收入。這些都是現實上常見的例子。這種情況不僅危害家庭，甚至造成社會瀰漫愛慕虛榮之風氣。

（鳩山春子〈天才與美女〉《婦人週報　四（一八）》一九一八年）

通篇文章強調愚笨的美女會亡國，攻擊美女的同時也不忘宣傳自己這樣的女人最適合為人妻子。「倘若容貌不佳的女性能斷言自己總是對丈夫與自身地位都感到滿足，並且對現況感激，那麼天底下的聰明男子肯定都寧願和不美的女性結婚吧！」（《鳩山春子　我的自敘傳記》）

她對美女的競爭心態有時也會降低眾人對她的評價。例如知名作家國木田獨步的第一任妻子佐佐城信子（同時也是有島武郎的小說《一個女人》的女主角原型）乘船時認識了日本郵船的事務長，兩人一見鍾情，進而相偕私奔。春子恰巧和兩人搭乘同一艘船，旋即向報社告密揭發。

「為男性著想、打擊誘惑男性的美女」，這般想法正是春子為了抵抗「女性只需甜美可愛就好，即便腦袋愚昧也無所謂」的風潮所使出的粗暴手段之一。她相信只要強調自己與那些美女不同，自己具有為家庭犧牲奉獻的精神，就算愛念書也不會再遭眾人丟石頭。

然而她錯就錯在不明白男性只是表面上需要賢妻良母，其實背地裡對不顧家庭的大美女垂涎三尺。部分文化界人士認為她就是個只熱中教育的無趣母親，根本是嫉妒美女桃花朵朵開。《一個女人》中的「田川太太」據信是以鳩山春子為本，這位田川太太也在書中被一名角色批評為「糊塗的聰明人」。

受人揶揄的一面

從《淫風猥俗肉慾世界》（淫風猥俗肉慾世界，一九〇七年）收錄的〈鳩山春子的風流〉一文中可看出她在當時經常遭人揶揄。那篇報導嘲笑年近五十的鳩山春子會至平日常光顧的租書店，暗地借閱黃色書刊，不料被女傭發現，惱羞之餘開除了女傭。

從雜誌名稱看來似乎是本不足為信的八卦刊物，然而光是看黃色書刊就被寫成報導，可見她在眾人眼中的形象是多麼拘謹乏味又過度投入教育的死板媽媽。

長子一郎上高中之際，春子保護過度的態度更是廣為人知。她認為「家庭教育對小孩最好，第一高等學校卻規定所有學生必須住校，這種作法會傷害我兒纖細的感性，所以我不能讓他去住校」。這番話激怒該校的高年級學生：「要是不想住校，就不要來念第一高等學校！」一郎還因此差點遭到其他學生圍毆。他對於當時的回憶如下：

聽說所有人一致通過對我施以鐵拳制裁，一名叫做黑田英雄的三年級學長介入仲裁：「又不是他本人不願意住校，做到這樣太過火了。」雙方妥協的結果是我只需要住校一到兩個月。因為有過此番經驗，我雖然沒能體驗宿舍生活的優點，卻也不覺得宿舍生活有旁人所稱那麼值得感激。

（鳩山一郎《我的履歷》）

後來一郎當上政治家，春子為她挨家挨戶拜訪的過程也淪為媒體嘲諷的話題，報導標題是「鳩山春子嚇到啞口無言」（《實業世界》一九二一年四月一日號）。只要是為了孩子即使與人爭執也在所不惜的作法，導致兒子一郎給人的形象往往是「不知民間疾苦的大少爺」。

春子的監督甚至擴大到飲食上，以生魚片很危險為由，不准端上餐桌。任何事都必須聽從她的指揮。

（流浪之子《婚姻浪漫》一九一九年）

訓育有成的鳩山一郎人生一帆風順。他沒有嘗過失敗的苦頭或人生起伏所帶來的悲慘經驗，使得他經常流露出世人所謂的少爺性格。

（高田末吉《操縱躍進的日本：政界財界》一九三四年）

一般人若被說成這樣當然很不高興，但一郎在自傳中仍大方讚美母親賢慧聰明，甚至自稱「我是足以稱呼母親為賢母的幸福孩子」。看來在鳩山一家銅牆鐵壁般的親情保護之下，遭人恥笑是大少爺根本微不足道，完全不痛不癢。

「母性」這種嶄新的概念在大正時代傳入日本，而春子所倡導的「生得少，多栽培，養出聰明孩子」的教育方式因而獲得正面評價。

一九一九年，春子的育兒書《我家孩子的教育》（我が子の教育）受到女校畢業的中產階級主婦支持，一舉成為暢銷書，引發一波教育熱潮。當時定義的「母性」門檻極高，並非現代人眼中「沒有受到文明汙染的純潔母親因著與生俱來的本能而一味寵溺孩子」，而是女性有意識地自我覺醒，習得這種能力，嚴格指導孩子走上正途。這些主婦自女校畢業之後，無法外出工作，所以「獲得社會肯定，教育出有成就的孩子」是她們少數凸顯自我能力的手段。

當母愛完全獲得啟發時，母親為了實踐母愛而提升自我，便能帶動周遭之人，進而美化與善化對方。

（鳩山春子《鳩山春子　我的自敘傳記》）

「母愛完全獲得啟發」的結果是兩個兒子進入東大，分別成為政治家與東大法學院教授。她也累積身為教育家的經驗，在一九二二年成為共立女子職業學校的校長。

學校隔年因關東大地震而燒燬，她淋著雨上街募款，成功重建學校，奠定了「賢妻良母主義教育代表」（《鳩山春子　我的自敘傳記》中的經歷欄原文）的地位，流芳百世。

高學歷女性以名為「母性」的武器對抗「女子無才便是德」的風潮，卻在法西斯主義盛行時期淪為強迫孩子上戰場的推手。

不知該說是幸或不幸，春子並未如那些高舉「母愛」大旗的知識分子般，加入強逼其他母親將兒子送上戰場的隊伍。

她年過古稀依舊凌晨三點便起床讀書，看不清楚字了就默背她請秀夫朗誦過的朗費羅（Henry Wadsworth Longfellow）詩句，令兄弟倆感到十分詫異。儘管如此，春子仍舊不敵歲月侵蝕，於《國家總動員法》立法通過的一九三八年逝世，享壽七十八歲。她過世時十分安詳，身邊的人都沒察覺她已嚥下最後一口氣。以下節錄一郎日記中母親離世當天的紀錄：

大慈愛、大犧牲、大冒險，這是母親一輩子教給我們的精神。

（鳩山一郎〈悼念亡母〉上屋老編《談母親》）

一般提到母親都是以慈祥仁愛或犧牲奉獻來形容，不過加上「大冒險」一詞的確很符合春子的人生。她愛講道理，又對外表沒有自信，也不擅長做家事，更不懂得體貼。然而喜歡讀書的少女藉由披上「賢妻良母」的鎧甲前去與大人物周旋；對家人懷抱滿腔熱愛，甚至賭上性命協助丈夫；身為校長，為了學校抱病向幾十戶捐款人道謝。儘管有時過於堅持自我而與他人起了爭執，但她直到死前仍堅持學習最喜歡的英語，貫徹自我。

如此波瀾壯闊的人生確實稱得上是一場大冒險。無論世間輿情如何批判，鳩山春子對於子女而言，並非只是熱中於教育又過度保護兒女的母親云爾。

「即使遭人欺騙，我也不想欺騙他人。（中略）縱使遭人批評不解人情事故，我還是想貫徹公平的精神直到生命結束。（中略）如同家父家母勤勞不懈，秉持理想，直到倒下。我發誓我將學習到人生最後一刻。」

（鳩山一郎《我的自敘傳記》）

一郎在春子死後，四處投稿讚揚母親，嘗試撕下母親強出頭而造成他受批「少爺」、「不知人間疾苦」的標籤。第二次世界大戰結束，穿著羽織袴[4]的獨裁總理吉田茂引發民眾不滿，被迫下臺。繼任者便是開朗的庶民派少爺——鳩山一郎。他提倡的「友愛」思想眾所皆知，成為自由民主黨第一任黨魁，颳起一陣「鳩山旋風」。一郎在腦溢血之後，後遺症影響身體狀況，便將重建蘇聯與日本的外交關係視為他最後的使命，終於一九五六年達成目標。當他簽訂完《日蘇共同宣言》，從莫斯科返國時，歡迎人潮擠滿了鳩山家所在的音羽一帶。隔天他發表引退聲明，辭去總理職位，告別活躍五十年以上的政壇。

鳩山家的「友愛」精神一路傳承至孫輩，據說精神的核心是「打造以母愛為基礎的世界，溫柔對待人類與大自然」（出處：鳩山友愛塾官方網站）。

---

4 上身著和服短外褂，下身著和服裙子或褲裙，成套便為正式禮服。然而日本明治維新後，政府大力推動西裝為正式服裝，當時官員出席正式場合多著西服。

猛媽 ❻

莉蓮・吉爾博斯

「科學方法管理職場」先驅是十二個小孩的媽媽

日本有一陣子頗流行「大家庭紀錄片」，我很喜歡其中一部叫〈Big Daddy〉[1]的系列，當中介紹了林下一家的生活日常。可能有人認為這類節目與偷窺毫無差別，不過在個性強烈的父親不拘小節的教養環境下，培育出孩子們堅強的性格，這點十分打動我心。

林下家基本上沒有母親[2]，卻不曾因此對子女造成負面的影響。一般青春期少年倘若生長在過度保護的家庭中，通常都會戲稱媽媽是「囉嗦的死老太婆」。但是林下家的兒子卻是進廚房做飯，與家人談論「要是結了婚，希望夫妻都有工作，或是我當家庭主夫也可以，因為我想做自己喜歡吃的菜」。看到這番光景，我甚至覺得或許母親不在孩子身邊會讓他們身心更加健全……

一般社會大眾認為若要培養人格完善的孩子，母親應當全心奉獻。但假使母親不在身邊，小孩同樣能長得很好，何不放鬆心情，抱持「既然生活在同一個屋簷下，就開心過日子吧！」的心態呢？

美國版的〈Big Daddy〉——「生一打比較划算？」

管理顧問法蘭克・吉爾博斯（Frank Gilbreth）是二十世紀初期改善勞動環境的專家，同時也是十二個孩子的父親，猶如美國版的〈Big Daddy〉。他的經典名言是「一打比較划算」。好比一口氣購買十二張電影票就有折扣，小孩也是一打養起來性價比最高，這樣的發想簡直就是精算狂熱分子。

然而講究合理化的理想之所以得以實現，真正的推手是他的妻子——莉蓮・吉爾博斯（Lillian M. Gilbreth）。莉蓮擁有心理學博士學位，是將心理學運用於工業管理的第一人，當時便是一邊念書一邊生養十二個小孩，進而與丈夫一同革新工作方式。我光是養育兩個孩子就快喪失理智了，實在難以想像莉蓮究竟多有活動力。

根據吉爾博斯夫妻的長子和次女合寫的傳記《十二個小孩的老爹商學院》[3]，父

1 播映時間為二〇〇六至一三年，為長達約七年共三十二集的節目。

2 家主林下清志於節目首播時為離婚狀態，節目播出兩年後與第一任妻子復婚，然而不到三年便再度離婚。同年與第二任妻子結婚，又於兩年後離婚，此節目也於同年底畫下尾聲。

3 *Cheaper by the Dozen*，中文版為大寫出版。

母兩人打從一結婚便決定要建立大家庭。新婚燕爾之際，法蘭克與當時二十六歲的莉蓮討論要生幾個孩子，他認為一打剛剛好。一般女性聽了只會當作玩笑話，莉蓮卻認真接受丈夫的提議，覺得既然要生一打就該生六男六女。

在那個女性上大學分外稀罕的年代，莉蓮不但一路念到研究所還取得文學碩士學位，學歷高人一等。光是看她的經歷，很難聯想到這般才智優異的女子居然會想生這麼多小孩。她在成為母親之前，究竟是什麼樣的女性呢？

莉蓮從小就是個文學少女，喜愛閱讀勝於社交活動，總是窩在家裡寫十四行詩。母親見她與其他姊妹個性天差地遠，認為若是以她的性格要學習家事和進入社交界未免過於強求，於是尊重她的選擇，讓她一路升學進修。

她進入加州大學柏克萊分校主修英國文學，之後轉學到哥倫比亞大學以便至研究所就讀。她本想拜文藝評論家布蘭德・馬修（Brander Matthews）為師，然而對方是性別歧視者，認為女人就該好好待在家裡，不願收女性研究生。塵凡女子為了逃避現實社會而躲進文學世界，研究文學的老男人們卻往往對女人抱持著不切實際的幻想。

雖然進不了理想中的文學世界，心理學家愛德華・桑代克（Edward Thorndike）卻對莉蓮敞開大門。桑代克曾經指導日本留學生新井鶴子，協助新井鶴子在一九一二年成為第一位取得博士學位（哲學博士）的日本女性。當時日本正值大正時代，女性想進一般大學可謂難如登天。相較之下，桑代克可說是思想格外先進的男性。

他秉持科學信念，認為人類可以靠訓練而進步，在這樣的信念之下，人種及性別全然無足輕重。莉蓮深受桑代克的熱情吸引，在他門下學到了人類的性格會受到環境影響，以及每個人對滿足的定義不同，這些學問日後都活用於育兒之上。

莉蓮後來得了胸膜炎，由親戚強制帶回老家，並且再次進入加州大學柏克萊分校就讀。她的心思細膩，喜歡的男性類型恰恰與自己相反，例如維多利亞時代（一八三七～一九〇一）的男子典型性子急、熱情又粗獷。她便以維多利亞時代的小說為題，在一九〇二年春天取得文學碩士學位。

當她猶豫是否要念博士班時，眼前正巧出現一名性格如同維多利亞時代男性的男子。此人一身西裝筆挺，駕駛著鮮紅色又大到誇張的高級汽車。這位讓莉蓮動心的男士，名為法蘭克。

生小孩兼拿博士學位

法蘭克比莉蓮大十歲，高中畢業後在工地當砌磚工人，後來建立科學管理法，進而開設建設公司，極富經營手腕。而莉蓮從小成長於上流階層，從未接觸過像他這樣的男性。

法蘭克對莉蓮口中的文學沒有太大興趣，卻十分佩服她的才能。某一天他們駕車兜風時遭到孩童包圍調侃，莉蓮不慌不忙說了一個故事給孩子聽，大家便安靜下來。

「妳簡直是催眠大師。」

聽眾不知不覺間聚集過來，最後捧場人數多達四十二人又外加一條狗。就這樣，渴望和自己合理觀點中優秀女性結婚的法蘭克，與當時研究文學遇到瓶頸的莉蓮，兩人互相吸引，很快就訂婚了。

法蘭克不但不討厭妻子擁有高學歷，甚至還希望她能繼續研究心理學。他以科學方式管理勞工，認為莉蓮的學問或許能幫助他有效掌握工人的心理。

莉蓮順應法蘭克的要求，婚後七年完成了博士論文。但是他們住在紐約，並不符合取得博士學位所需的居住條件。夫妻倆於是在一九一〇年帶著四個孩子一同搬到佛羅里達州。一九一一年，法蘭克成立吉爾博斯顧問公司，並且由衷仰賴莉蓮的專業知識。

「究竟怎麼做才能在兼顧工作的同時，還能照顧好十二個孩子呢？」

對於莉蓮的提問，法蘭克認為理所當然的解決辦法是：「既然我們要教管理，就得自己先實踐。」

一九一五年，莉蓮終於取得心理學的博士學位，她的博士論文是組織心理學的先驅。至於這時候她生了幾個孩子呢？已足足有六人之多！

法蘭克的科學管理法是源自砌磚工人時期研究工人的動作而來。他分解工人們的動作，然後改變工具擺放的位置好節省蹲下、起立等無謂的行動。原本一個工人一天只能砌一千個磚，改善後增加到兩千七百個。

動作研究將工作時的行為舉動細分為「握取」、「搬運」、「尋找」等十八個細項，排除其中分類為「可避免的延遲（故延）」的動作，有效活用「不可避免的延遲」時間便能提高工作效率。

要生一打孩子得每年都生，夫妻倆將這段懷孕生產期間歸類於「不可避免的延遲」，並利用這段時間來寫書（莉蓮的第一本個人著作《職場心理學》〔*Psychology in the Workplace*〕分成數冊，依序於一九一二年與一三年出版，出版前一年各生了一個孩子）。

莉蓮持續照顧孩子直到生產前夕，生產時才是她唯一的休息時間。當她準備生第七個孩子的住院期間，護理師甚至得將鉛筆和校對稿藏起來，嚴禁她繼續工作。但她居然從醫院逃回家，在家中產子，由此可知她真是個不折不扣的工作狂。

生產完躺在床上，孩子們在床邊列隊，等著要媽媽綁蝴蝶結或是唸故事書。儘管家裡有廚師和傭人，母親本身要負擔的家事分量還是很沉重，莉蓮實在是精力充沛才扛得起這一切。

生完十二個孩子之後，夫妻倆流下喜悅的淚水。兩年後就不需要再準備奶瓶和尿布，婚後十七年終於不需要在半夜兩點起床熱牛奶了！

我單單想像這種生活便已筋疲力盡。

養小孩也追求「性價比」

法蘭克追求合理化的管理方式也運用在育兒上。他使用電影膠片拍攝子女洗碗過程，刪減無效的動作；塗油漆等臨時勞動則採取投標制，將工作交給要求報酬較低的孩子去做；浴室貼上進度表和作業清單，提醒十二個孩子主動完成刷牙、洗澡、吹頭髮、寫功課和洗手等生活習慣，無需父母再三催促。

不僅是育兒，法蘭克連自己的生活也講究效率。

為了節省削切水果的時間，蘋果連皮和芯一起直接啃；釦子總是由下往上扣，因為比由上往下扣節省四秒。但還是有失敗的時候，比如刮鬍子時出動兩把刮鬍刀，不但沒能節省時間，反而刮得滿臉是血。

父親規定這麼多，感覺似乎不需要母親出場，可其實莉蓮也是操控子女的高手。一百多年前沒有吸塵器和洗衣機，十四個人的家事光靠家裡的傭人和廚師根本做不完，勢必需要孩子們幫忙。

另一方面，工廠裡的工作交由勞動者自行分配，較能依個人能力發揮，主管也能減輕負擔。因此夫妻馬上召開家庭會議。

孩子們不願意幫忙做家事，嫌棄著喊道：「叫傭人和廚師做所有家事就好了嘛，他們可是領薪水的！」、「兩個人不夠的話，多僱點人不就好了！」

一般父母這時候早就開罵了，但莉蓮順著孩子的話說下去：「我們當然可以多僱傭人。」

孩子們聽了心花怒放。

「但是家裡的預算有限，多僱傭人就得取消大家的零用錢，不能去看電影也不能喝漂浮汽水了，當然也買不了新衣服。」

孩子們一聽馬上決定幫忙做家事。但至少是出於自己的選擇，而不是迫於父母的要求。莉蓮準備了三排掛鉤，分別代表做完的家事、做到一半的家事和還沒做的家事，同時將需要幫忙的家事做成標籤，由孩子們依情況移動。將行為可視化，就不需要父母再三催促。

第二場家庭會議由子女發起，討論的議題是：媽媽要買什麼樣的地毯？法蘭克可是一點興趣也沒有。

莉蓮想要買一條一百美金的素色地毯，三女則希望買花地毯，這樣麵包屑掉到地毯上就不需要一直打掃，可以「節約行動」。「節約行動」是法蘭克的口頭禪，他總是時時刻刻要求提高效率。最後眾人一致決議通過購買九十五元的花地毯，次子趁機提議：「我建議拿省下來的五塊錢買一隻柯利牧羊幼犬。」

這場家庭會議其實是莉蓮知道孩子想養狗所安排的一齣戲。倘若只是平常向法蘭克撒撒嬌，他絕對不會接受寵物這種生不出蛋又毫無產值的生物進家門，但遇上這種情況寵物就能納入議題了。

「狗會吃食物碎屑，簡化我們收集垃圾的動作。」

「狗還會趕跑小偷。」

做父親的自然趕緊反駁，不然之後可能會提出養馬或是去夏威夷旅行等各種奢侈的要求。

投票表決想當然耳是對子女有利，法蘭克縱然反對也無法阻止柯利牧羊犬進家門，這回戰略是莉蓮的勝利。

利用刷牙時間學德語

法蘭克相當注重家庭教育。

家中孩子這麼多，自然不可能一個個依學校進度幫忙複習功課。法蘭克便撇開各年級進度，利用周遭環境當教材，教導所有子女。例如找到螞蟻窩就讓孩子研究螞蟻團隊的高效工作與行為模式；看到橋梁便說明橋梁的構造；看到工廠冒煙就拿碼錶計算從看到煙至聽到聲音的時間間隔，要孩子計算聲音的速度。

至於如何講解得簡單明瞭，並且讓所有孩子都聽得懂呢？這就要交給莉蓮博士負責了。

莉蓮小時候就是熱愛文學的少女，教導子女時最重視朗讀故事。大家睡前會走進母親寢室，坐在床邊聆聽母親朗讀。

此外，夫妻倆也有效利用孩子生活中「不可避免的延遲」——洗澡與刷牙時間。法蘭克買來當時十分昂貴的留聲機放在洗手間，在大家洗澡和刷牙時播放德語與法語的唱片讓他們練習外語，一放就是十年。

因為這一招，孩子們都說得一口流利的德語與法語。

他們也會在等待莉蓮切肉分肉時，利用空檔練習心算；前往避暑勝地過暑假時，便是練習天文學與游泳的恰當時機；將暗示點心和零錢所在位置的線索放在桌上，這是法蘭克教導子女拆解摩斯密碼的好方法。拜這套毫不顧忌學校進度的教育法之賜，吉爾博斯家小孩的學習程度早已超越同儕，即使跳級也不稀奇。

正當家庭事業兩得意，悲劇卻驟然造訪。

法蘭克在車站時想到為某家公司省下不必要動作的方法，於是興奮地打電話和莉蓮分享，卻在通話途中冷不防倒下，當場過世，享年五十五歲。留下莉蓮與十一個孩子，當時長女還在念大學，老么才兩歲（其中一個孩子因白喉夭折）。

一九二四年六月十四日，法蘭克出發去旅行了。只是目的地不是原本計畫的國外，而是士兵前往的西方世界（West）。他會繼續探險（Quest）下去！

（莉蓮・吉爾博斯《在最好的路上探險》）

「腳踏式垃圾桶」應運而生

無論是家庭還是職場，莉蓮總是負責協助性格強悍的法蘭克。自從法蘭克過世之後，她就像換了一個人似的。

莉蓮接下了法蘭克的職位，丈夫過世幾天後便代他出席國際會議。子女日後回憶，母親原本凡事謹慎小心，怕搭飛機、怕游泳，甚至還怕打雷，卻在父親死後變得無所畏懼，也不曾再看過她流淚。

原本莉蓮就是整合心理學與科學管理的生產管理工學研究先驅，卻因為當時風氣認為掛上女性名字會滯銷，兩人合寫的書籍往往只掛上法蘭克的名字，但具備豐富學術涵養的其實是莉蓮。相較於過往的科學管理法只將工人當作機器，吉爾博斯公司開發的管理方式則是以人為本，重視降低勞工負擔、強化動機及盡可能減少壓力。這都是因為莉蓮具備文學與心理學素養，才得以研發出這些方法。

然而工商業界卻因為歧視她的女性身分而一一終止合約。再這樣下去，莉蓮根本無法負擔十一個孩子的學費。

因此她暫時選擇在自家開設科學管理的研究課程。她的一名學生是梅西百貨（Macy's）的經理，於是她也免費擔任梅西百貨的顧問長達三年。

莉蓮當下的首要任務便是讓工商業界了解自己的能力。她先是積極和女性銷售員訪談，設計減輕疲勞又能提升效率的工作模式。等到有了成果、廣為周知後，付費的管理委託案便接踵而來。一九二六年，嬌生公司（Johnson & Johnson）便請她負責衛生棉的市場調查。

莉蓮還進一步開發新的研究領域——家庭管理。她在婚前便非常不喜歡做家事，當了母親之後依舊如此。

「討厭家事」的想法造就了新工作的啟動，也就是將科學管理的精神運用在家庭中，目標是縮短家事時間。如此一來，女性也能出外工作。

應運而生的是現代人認為理所當然的腳踏式垃圾桶、冰箱門內側的架子和牆壁上的電源開關。

擔任奇異公司（General Electric）的顧問時，她訪問了四千名女性，規畫烤箱、流理臺和其他廚房設施的合適高度；並且設計瓦斯爐、水槽和冰箱三點構成三邊合計為二十六英尺的「廚房工作三角」，利用家電配置減少多餘動作。此外，附輪子的廚房推車也來自她的巧思。

法蘭克總是掛在嘴邊的「節約行動」精神，由莉蓮傳承、發揚光大。

莉蓮以烘焙草莓蛋糕來測試新舊廚房兩者的效率，發現過程中需要移動的距離減少了六分之一，效果卓越。

或許有人會覺得孩子明明還小，莉蓮是不是工作過頭了？丈夫才過世不到一星期，就拋下孩子去國外出差，這母親未免太失職。

然而吉爾博斯家的子女在回憶錄中從未針對這一點責備母親，反而強調自己多麼堅強，馬上重新站起來，這也是法蘭克教育成功的結果。他很早就知道自己罹患心臟病，所以必須培養孩子自動自發學習的精神和分擔家事的習慣。會讓子女參與動作研究實驗，也是增進他們「視自己為家中一員就該一同工作養家」的意識。他的夢想是建立大家庭，卻不希望莉蓮在他過世後必須一肩挑起撫養孩子的沉重責任。

孩子們無需母親協助也能合力做到所有事情，正是所謂的「自我效能」，吉爾博斯家的十一個孩子都培養出這項能力。每個孩子都上了大學取得學位，結婚組成家庭，各自走上不同的路。莉蓮則是擔任ＩＢＭ等知名企業與聯邦政府的顧問，成為第一位被選入美國國家工程院的女性，成績斐然。

吉爾博斯夫婦的「動作研究」日後由豐田生產方式[4]繼承；「減輕疲勞研究」則進一步發展為人體工學；莉蓮「縮短家事時間」的方法為日後的女性開拓出兼顧育兒及工作的人生道路。

莉蓮在一九四〇年代的稱號是「生活藝術的天才」（a genius in the art of living）。

吉爾博斯家的孩子長大成人後，將童年生活寫成回憶錄。張力十足的故事充滿魅力，轉眼登上暢銷榜，一九五〇年還改編成電影。莉蓮於一九七二年過世，享壽九十三歲，過世時共有二十九名孫子女，生前一共獲頒二十個榮譽學位。

4　由豐田汽車提出的一個整合社會技術系統。

猛媽 7

瑪麗亞‧蒙特梭利

大教育家不為人知的「苦惱」

不少赫赫有名的育兒教主在成為教育界的領袖之前，原本就是一名對自家孩子使用獨特教育方式的母親，從子女還小時便用心栽培，子女的成功就是她們之所以成為領袖最有力的證明。例如知名將棋棋士藤井聰太七段在幼兒園所接受的「蒙特梭利教育」，是二十世紀初知名教育家瑪麗亞・蒙特梭利（Maria Montessori）所建立的教育體系，她也是育有一子的母親。聽到這裡，相信大家一定很想知道這位育兒教主的孩子究竟是多麼傑出的天才兒童吧？

我直接告訴各位結論：蒙特梭利沒能親自教育自己的兒子。但她也不像尚－雅克・盧梭（Jean-Jacques Rousseau）那麼不負責任，明明寫出教育學名著《愛彌兒》[1]，卻將自己的孩子一個接一個丟在孤兒院前。以當時的社會環境，蒙特梭利是迫不得已才拋下孩子。

憑「眼神」抵抗性別歧視的少女

瑪麗亞小時候是個好勝的學生，並不滿足於靠裁縫等「女性的工作」獲取讚賞，她還非常熱中學習數學。由於曾經遭到老師挑剔「眼神奇怪」，所以在該名老師面前總是垂著眼。父親是主計官，母親渴望女兒在社會上出人頭地，因此瑪麗亞十三歲時選擇進入工科學校，一路念到工科大學。一八八〇年代，義大利多數女性的最高學歷只到小學，瑪麗亞可說是特例。大學畢業之後，她決定挑戰義大利從來沒有女性鑽研過的學問——醫學。

當時義大利不允許女性就讀醫學院，父親和其他親戚也都反對，唯一站在她這邊的只有母親。她在羅馬大學（Sapienza - Università di Roma）自然科學院讀完第二學年之後，終於在一八九二年轉入醫學院，那年她二十二歲。

不顧父親反對，成為義大利首位醫學院女學生的瑪麗亞，入學初始便遭到許多人找碴。

然而堅強的瑪麗亞並未因此畏縮。當年踢了她椅子的男同學回憶過去：「我一定是不死之身，不然被她那雙眼睛直盯著瞧早就死了。」

再加上小學老師的那句話，想必瑪麗亞的眼神相當凶悍。

家境富裕造就的優雅氣質、單憑眼神就能克服性別歧視的領袖魅力、成績超越男

1 *Émile: ou De l'éducation*，中文版為商務出版。

同學的智慧知性，這樣的性格讓她在學校最後一年時便已贏得眾人尊敬。

日本和義大利一樣有著強烈依賴母親的民族性，在這樣的國家中，女性的社會地位非常低落，然而散發母性的女子往往會獲得肯定與崇拜。瑪麗亞的父親原本強烈反對女兒就讀醫學院，父女關係也因此惡化。後來聽到旁人對女兒的評價，便偷偷潛入研究發表會，親眼目睹觀眾為女兒拍手喝采，深感驕傲才終於認同她。

主張男女同工同酬

成績優秀的瑪麗亞在二十六歲時成為義大利首位女性醫學博士，畢業後立刻獲得醫院助理的工作。

她出社會之後經常和熱心慈善事業的英美上流階層婦女交流。發現自己雖因家境富裕而得以接受良好教育，但貧困女性一天在工廠八小時，薪水卻只有男性的一半。殘酷的現況令她坐立難安，於是她在醫學院畢業一個月後，作為義大利代表團的一員參與在柏林舉辦的國際婦女會議。她在會議上說明義大利貧窮女性的困境，希望至少國營工廠必須做到男女同工同酬。全場一致通過她的主張。然而比起演講內容，記者更注意到她本人的魅力。

「姿態優雅溫柔，用字遣詞高雅，散發貴婦般的魅力與美貌，（中略）當她以羅馬口音主張解放農民與在工廠工作的女性，還有已婚婦女的經濟與法律權利，聽來彷彿是一首優美的曲子。我突然覺得要是有十萬個像她這樣的內外科醫師就好了。」

「蒙特梭利博士一出場，紳士不再揶揄，忍不住露出笑容，（中略）她是多麼可愛迷人又自由奔放的女性！所有人都想擁抱她，就連無法理解她主張的人，也深深受到她如歌唱般悅耳的聲音與表情所吸引。」

不管身處什麼樣的年代，女性主義者總是遭到媒體汙名化為怪獸，像瑪麗亞這樣充滿魅力（母性？）的女子，連愛挑剔的媒體都不禁拜倒在她的石榴裙下。但她無法接受媒體視她當偶像，寫信給父母抱怨：「我一定要讓他們忘記這一切！讓記者不再刊登我的照片，也不會再讓人討論我的魅力。因為我是全心全意投入工作！」

蒙特梭利教育的誕生

瑪麗亞在會議結束後回到義大利，二十七歲時分發到羅馬大學附設醫院擔任精神科醫師助理。有天，她造訪了智能障礙兒童的收容機構，受到巨大衝擊。院童被關在陰暗的房間裡，連個玩具也沒有，除了吃著送來的餐點，再也沒有其他事情可做。負責照顧的工作人員以嫌惡的口氣表示：「他們吃完飯就只會在地上爬行撿麵包屑。」她聽了不禁想：「這些孩子或許是缺乏知性的刺激，才會撿麵包屑來玩？」

這群孩子需要的不是醫學，而是教育。這件事成為她接觸教育問題的契機。她立刻投入研讀教育學，讀遍所有主要文獻。

她為智能障礙兒童準備了活動手指的玩具，刺激感官，藉此提升智能。這群兒童接受感官刺激教育法後進行智力測驗，發現智商超過當時的健全兒童。實驗結果震盪義大利教育界，瑪麗亞也瞬間成為知名人物。

不能公開的身分

瑪麗亞的醫師生涯乍看之下一帆風順，此時卻籠罩上一層陰影——她和同樣研究智能障礙兒童的精神科同事朱塞佩・蒙泰薩諾（Giuseppe Montesano）共事，進而發展出親密關係並且懷孕了。

當時義大利社會容不下未婚媽媽，更何況蒙泰薩諾的母親以家世自豪，這名嚴厲的未亡人自然無法接受瑪麗亞和兒子的婚事。瑪麗亞雖然克服各種社會障礙當上醫師，面對溺愛兒子的義大利媽媽卻也無計可施。一八九八年，瑪麗亞悄悄誕下一子，取名馬力歐（Mario），一生下便送往住在遠方的養父母家。這個計畫不單單是蒙泰薩諾母親的主意，瑪麗亞的母親也摻了一腳。她為了培養女兒奉獻了一輩子的主婦人生，自然不會允許女兒因養育私生子而捨棄現今的成就與地位。

蒙泰薩諾安撫瑪麗亞，答應她之後不會婚娶。沒想到一年過後，他竟然移情別戀，和別的女子結婚。在此同時，瑪麗亞卻必須忍受孩子送養的痛苦，還不能承認自己已經有了孩子……

心靈受到嚴重打擊的瑪麗亞，躲進修女院好幾個星期，並且在這段期間下定決心要傾力改善兒童教育。

分擔「母親的角色」

馬力歐出生兩年後，瑪麗亞成為羅馬一間智能障礙兒童教育機構的所長。然而她為了切斷與共同負責人蒙泰薩諾的關係，隔年辭去所長的職務，再次進入羅馬大學，正式鑽研實驗心理學、人類學和教育學，學習如何教導健全的兒童。她對於母性引以為傲，卻無法陪伴兒子度過人格形成期，想必十分寂寞，才會將兒童教育當作終身志業吧。

一九〇七年，她成立第一間幼兒教育機構「兒童之家」，教育住在貧民窟的兒童。這些孩子往往得自行看家，乏人照顧。她成立兒童之家最初的目的是分擔「母親的角色」，所以當孩子們來到兒童之家後，瑪麗亞讓他們玩訓練感官的教具、學習整理儀容、收拾打掃，以及培養禮儀。

過往的社會價值觀認為建立兒童良好生活習慣是母親的義務，當這項義務得以由多人分擔之後，如同貴婦藉由僱用奶媽和家庭教師來獲取自己的時間，一般階層的母親也能擁有自己的時間，同時外出工作。出身貧困的兒童接受與富裕階層相同的教育，可以消弭社會階級。她會如此在意照顧那些缺乏母親關懷的兒童，恐怕也是因為想到了自己的兒子。

兒童之家重視的雖是建立良好生活習慣，這些孩子卻主動學習讀書寫字。瑪麗亞為了回應他們的需求，準備學習讀寫的幼兒玩具，有些孩子甚至進步到小學生的程度。

貧民窟的孩子四、五歲就學會了讀書寫字，媒體盛讚為「現代的奇蹟」，蒙特梭利教育因而從義大利普及到歐洲各國與美國[2]。

瑪麗亞成為全球知名的教育家，身邊也出現崇拜她的民眾，共同將蒙特梭利教育推廣到世界各地。她對建立自己的家庭已不抱希望，於是將門下女學生視如己出，這些學生都叫她「媽媽」（Mammolina），她則全心全意投入推動蒙特梭利教育工作。倘若當年她沒有遇上不負責任的男人，蒙特梭利教育或許不會普及全世界，藤井七段也可能不會成為天才棋士。命運實在很奇妙。

和心愛的兒子開誠布公

瑪麗亞儘管事業忙碌，還是不忘時時探望馬力歐，雖然她從未告訴馬力歐自己的真實身分。

直到母親過世後，她才終於將已經十四歲的馬力歐接回家。馬力歐回憶當時：瑪

2　亞洲的日本媒體首次介紹蒙特梭利教育是一九一二年一月十一日出刊的《萬朝報》。

麗亞搭車來學校，她一下車，我便走過去對她說：「我知道妳是我媽媽。」

瑪麗亞沒有否定這句話，只是告訴馬力歐要帶他走，便默默上了車。母子倆終於能夠一起生活。

馬力歐很快地也成為蒙特梭利教育的忠實支持者，一九二九年和瑪麗亞一同成立國際蒙特梭利協會。

為什麼遭到母親拋棄的孩子仍願意協助母親的事業，而且不求回報？一般遭到母親拋棄的孩子，就算親子關係破裂也毫不令人意外。馬力歐的長女瑪莉蕾娜（Marilena）表示：「父親的犧牲奉獻不是基於一般親子之間建立的依戀關係，（中略）而是出於父親自主的選擇。」或許瑪麗亞強烈的母性魅力不僅能讓陌生人喊她一聲「媽媽」，她內心所懷抱的堅強信念，讓即便無法朝夕相處的兒子也深受她的吸引。

瑪麗亞在公開場合都介紹馬力歐是她的姪子或養子，兩人的關係卻比一般的母子還緊密。瑪麗亞前往世界各國推廣蒙特梭利教育時，馬力歐總是隨侍在側。馬力歐的第二任妻子和子女也參與協助國際蒙特梭利協會，有這麼多親人伴隨身旁，瑪麗亞的晚年生活應該非常熱鬧。

一九五二年，她因腦溢血而病倒，享壽八十一歲。無論是生病期間或臨終之際，馬力歐都陪伴在她身邊。瑪麗亞過世當天，馬力歐和母親共進午餐，提到友人拜託他們去迦納（Ghana）培訓師資。

瑪麗亞意氣昂揚：「要是需要幫忙，我們當然得到迦納去。」

馬力歐擔心母親受不了非洲的炎熱天氣和原始不便的生活，她卻毫不動搖。

「就算你不想去，我也會帶你去，（中略）不對，就算你不想去，我一個人也要去。」

馬力歐沒能說服母親，於是走出房間。等他回來時，母親已經嚥下最後一口氣。

「她想必是到迦納去了──或是到世界上任何一處孩子需要她的地方。」

瑪麗亞過世前已經寫好遺書：

> 我的所有財產，無論是物質還是精神方面全都屬於我兒子……我所有源自知識與社會的收入也都屬於他。我之所以能持續工作都是因為有他的鼓勵，而他有了一番成就之後依舊持續協助我，為了幫助我而奉獻了一生。
>
> （麗塔·克萊默《瑪麗亞·蒙特梭利》）

這是瑪麗亞第一次在官方文件上以「我的兒子」（Il figlio mio）稱呼馬力歐，這是她在世時未能實現的夢想。

馬力歐於一九八二年過世，享壽八十三歲。現在他的四個孩子和十一個孫子繼承他的事業，持續傳播蒙特梭利教育。

猛媽 8

瑪格麗特・米德

母親的人生是持續「研究與發表女兒」

自從社群媒體出現以來，許多人在兒女誕生後便一一記錄下孩子的成長過程，並上傳社群媒體分享，形成一種新型態社會現象。

這種新現象的好處不計其數，網路資訊多不勝數，父母能見識到大量失敗與成功案例，同時覓得各式各樣育兒問題的解決之道，從中參考適合自己的育兒方式。「只有我家孩子會這樣嗎？」「沒關係，大家都遇到同樣的難題。」「只有我會因為這種事焦慮嗎？」「別擔心，要是會讓你焦慮就別做了。」多虧了社群媒體，現代的母親會依照育兒書的指示，費心去除菠菜的粗纖維，打細後做成副食品，但不會因為寶寶不肯吃而逼得自己神經衰弱。

另一方面，也有不少人擔心將孩子的成長過程一一在網路上公開，孩子長大之後難道不會怨恨父母嗎？

其實早在網路普及之前，就有一名女性體驗了自己的成長過程不僅被用作研究資料，這些資料還持續遭到公開。這名女子叫做瑪莉·凱薩琳·貝特森（Mary Catherine Bateson），她是二十世紀知名美國文化人類學者瑪格麗特·米德（Margaret Mead）和格雷戈里·貝特森（Gregory Bateson）夫妻的獨生女。

育兒也是「研究」的一環

瑪格麗特因為研究大洋洲地區的原住民而聲名遠播。一九三九年，也就是她三十八歲那年生下女兒瑪莉。以當時的女性而言，她的第一胎生得相當晚。她無意為了育兒放棄研究事業，反而將研究習得的知識運用在育兒上，又嘗試將育兒經驗運用在研究上。

她的研究方式是和研究對象一同生活，融入對方的生活圈，記錄生活型態與文化，也就是所謂的田野調查。

對於瑪格麗特而言，生活和研究密不可分，研究內容也在在影響著她的人生。例如她向花店訂製華麗的花藝布置，表示要用在喪禮上。店家以這種行為不符常識為由拒絕，她卻強硬要求，表示：「我可是到過四個洲主持喪禮的人！」

這種作法當然也運用在育兒上。當時美國流行的育兒方式是在固定的時間哺乳，然而她參考原始部落的母親，隨時陪伴在嬰兒身邊，需要時便哺乳。

完全照做當然無法兼顧研究，所以她仔細記錄女兒想喝奶的時間和分析時間變化，提前安排哺乳行程，中間的空檔就是授課和開會。五年之後，她的想法普及到全世界——提倡根據嬰兒需求來哺乳而聲名大噪的斯波克（Benjamin Spock）醫師，正是負責診療瑪格麗特的醫師（雖然他並沒有要求他負責的那些母親得記錄下嬰兒的生活週期並加以分析）。

結合多種原始文化智慧與近代醫學科技，進而改良生活，正是瑪格麗特研究的動機。就連育兒也是活用從其他民族身上學到的知識，孩子一出生便準備好最合適的成長環境。

寶貝女兒瑪莉是瑪格麗特最佳的實驗對象。她不僅透過攝影記錄下自己的生產過程，還將瑪莉的一舉一動都記在筆記本上，有時還在學會上發表。瑪莉上大學之後也不允許她隨意丟棄童年時代的塗鴉，因為瑪格麗特非常重視紀錄資料。

大家庭一同生活

瑪格麗特產後請來一名英國女性擔任奶媽，住進家裡一同生活。奶媽也有子女，較大的孩子可以幫忙照顧小嬰兒。嬰兒時期有一到兩個年長的孩子經常陪著玩就夠了，但是兩歲以後必須更加融入社會，所以若有多個家庭一起生活，由多名大人幫忙照顧小孩，對兒童的成長應該有所助益。瑪格麗特的育兒方式源自薩摩亞人的生活方式，當地的兒童能隨意進入其他家庭生活。就在美國宣布參與第二次世界大戰之際，瑪莉和社會學家羅倫斯．法蘭克（Lawrence Frank）一家展開共同生活。法蘭克和年輕的妻子再婚，家裡除了第一任妻子留下的五個孩子，後來又添了一個嬰兒，瑪莉就這樣突然加入了八人大家庭。

瑪格麗特將瑪莉託給法蘭克一家，得以心無旁鶩，和格雷戈里在世界各地為研究而奔波。這種事要是在日本想必會傳出耳語：「這樣養小孩真的沒問題嗎？女兒還小時或許只需要有人照顧生活起居就夠了，但是上了小學可不能這麼做了吧？」

瑪格麗特當然也遇上現代日本職業婦女最害怕的「小一問題」——小學和托兒所不同，幾乎每天只上半天課，在那個沒有安親班的年代，下課後該怎麼辦呢？她的解決方式是讓女兒平日去同學家，週末便託給她的阿姨，生了病就送去從事藝術工作、崇尚嬉皮的妹妹伊莉莎白（Elizabeth）家中。

拜託這麼多人幫忙看顧小孩，光想像就非常費神，頭都快暈了。應該只有像瑪格麗特這樣具備高超社交能力，能融入其他部族，還幫忙主持其他民族喪禮的人才做得到。

高手級的溝通能力

瑪莉也習慣了這般特殊的童年生活，到每一戶人家都能裝出可愛的乖孩子模樣，受到所有大人歡迎。

只不過瑪莉的好孩子模式，或許是出於只要自己一做壞事，母親便會花上很長一段時間對她說教。瑪格麗特能和女兒相處的時間不多，所以她不願意將時間浪費在處罰孩子，這才以說教取代怒罵。但對於孩子來說，這比挨罵還麻煩。

> 瑪格麗特對於個別的細節與形式抱持敬意，深愛人類多元化的一面。她接觸人們就像熟悉藝術的專家接觸藝術作品一樣，她所結交的那些人選擇了和我們完全不同的人生，展現人類不同的面向、不同的家庭形式與身為女性的多種生活方式，而她將當時還是孩子的我帶進這個廣泛的人際關係之中。
>
> （瑪莉・凱薩琳・貝特森《女兒眼中的父母：瑪格麗特・米德和格雷戈里・貝特森回憶錄》）

三不五時就跑去參加抗議活動又嘴上不饒人的嬉皮阿姨；過著奢華生活的藝術家

夫妻；會教人做家事又節儉的姨婆。瑪莉從小在特色各異的家庭中和不同的人一起生活，感受多種文化，奠定了未來成為人類學者的基礎。尊重文化差異、學習適應環境，並且在不同文化中發掘出自身能夠理解的模式，正是文化人類學家必備的能力。但這種育兒方式也有風險：有一次瑪莉遇上了暴露狂卻未立刻逃走，而是和朋友認真討論該如何因應這種文化（當然瑪格麗特聽完後就報警了）。

瑪格麗特崇尚多元文化，選擇不同於時下女性的生活方式，卻也有她保守的一面，相當重視傳統和禮儀。「了解該社會眾人敬重的規定，學習符合該規定的作法和養成習慣，實踐這些知識以示對他人的敬意」（《女兒眼中的父母：瑪格麗特・米德和格雷戈里・貝特森回憶錄》）。這是瑪格麗特得以融入各個部族聚落、進行田野調查不可或缺的本領。

就算女兒沒興趣也要她學社交舞，依照禮儀手冊舉辦女兒的婚禮，或許都是希望女兒能融入美國上流階層這樣的社會群體。

就連挑選身上的衣服，重點也是「合不合適」。瑪格麗特身上的衣服都是預想「場合」而精心計算的結果。要夠正式卻不呆板，要有女人味又不能過度強調

「我是女人」。母親的服裝是一種對所有與會人士的社交辭令。

（瑪莉・凱薩琳・貝特森《女兒眼中的父母：瑪格麗特・米德和格雷戈里・貝特森回憶錄》）

瑪格麗特為了維護廣大的交友圈，每年都要親手寫上好幾十張聖誕卡；分居的丈夫格雷戈里不擅社交，毫不在乎禮節儀容，一年中寫給女兒的信也才一、兩封，而且還是畫了植物組織圖解等莫名其妙的內容。其實不只格雷戈里，多數男性學者都缺乏瑪格麗特這般優秀的溝通能力，這應該也是她能夠成為知名人類學者的主因之一。

瑪格麗特的「性教育」

相信很多人都很在意瑪格麗特究竟會如何傳授女兒「性教育」。

她的知名著作《薩摩亞人的成年》[1]於一九二八年出版，內容描述薩摩亞少女開放的性事，在美國社會掀起熱議（先不論第二次世界大戰後其他學者提出薩摩亞的女性並非如此奔放一說，接著引發另一番爭議之事）。

她會建議女兒和多人發生關係嗎？還是反而會嚴格管制？瑪格麗特並未選擇其中

一方。過度壓抑固然不好，過度強調卻也是一種壓抑。因此她首先在「讓女兒喜歡自己的身體」這件事上費盡心思。這也是因為先進國家的少女往往在月事來潮後厭惡起自己的身體，導致精神不安定。

大多數女性在生理期第二天或第三天會覺得身體不適，瑪莉卻因母親以積極正面的口吻向她解釋月經一事，所以反倒覺得「身體輕盈」。

看到瑪莉因為月經而興奮雀躍，瑪格麗特告訴她：「妳感受到的是帶來愛與生命的可能性，這是和孕育大自然的生命融為一體的喜悅喔！」

關於性事，瑪格麗特使用科學術語，坦率說明，毫不遮掩。「長大之後就能享受這麼美好的事，妳就好好期待吧！」她使用「做愛」(make love)取代「性交」(fuck)，從正面觀點說明性行為。

青春期的少年少女追求解放，總是想親身實踐。大人愈是禁止，他們愈想嘗試。多虧瑪格麗特教育得當，瑪莉方才安穩地度過青春期。

但或許瑪格麗特並不需要特別對瑪莉傳授正面的性教育，也會得到相同的結果。

1 *Coming of Age in Samoa*，中文版為遠流出版。

瑪莉十歲時父母就離婚，十三歲時母親幾乎一整年在外從事田野調查，她獨自一人熬過多愁善感的青春期。從小家庭環境複雜的她，早早就學會獨立，周遭的男孩在她眼裡都過於幼稚，引不起她的興趣。

結過三次婚的母親和女兒選擇的「人生」

瑪莉從小便認為身邊淨是些乳臭未乾的傢伙，並因此無法融入周遭環境。上大學之後，她遇見了面對任何事都坦率以對的亞美尼亞留學生巴基夫（Barkev Kassarjian），與他墜入愛河。當瑪莉聽完一場母親關於家庭的演說，哭著對巴基夫說：「我對婚姻的想像基本上是來自於父母失敗的範本，有這樣的先例，我怎麼可能將一輩子奉獻給婚姻？」巴基夫聽了只是溫柔地安慰她。

瑪莉大學畢業後，迅速與巴基夫完婚。相對於父母為了貫徹自我，反覆離婚與再婚，她配合丈夫異動，轉行了四到五次，最後領悟到能夠融會貫通她所有專業的正是人類學，於是和母親一樣，選擇成為人類學家。

她從小就崇拜母親寫作的模樣，八歲時投稿書評便獲得雜誌採用，這般文思俊逸的人才成為人類學者是再自然也不過。瑪格麗特雖然在婚姻上是反面案例，身為「職業婦女」卻是模範生。

回首過往人生，最關鍵的是我很早就走上不同於母親的道路，站在各自的立場溝通。瑪格麗特站在母親的立場，最擔心的莫過於介入我的人生，怕自己會忍不住發揮想像未來的才能，不經意引導我走上她認為合適，但我會拒絕、反抗的方向。我知道母親和人爭執時最害怕的批判是「不要干涉我，不要操控我」。實際上她也總是遭人如此抗議。

（瑪莉・凱薩琳・貝特森《女兒眼中的父母：瑪格麗特・米德和格雷戈里・貝特森回憶錄》）

瑪格麗特離過三次婚。她從小就喜歡孩子，夢想「在鄉下的教區生養一堆孩子」，便和牧師的兒子結婚。「像丈夫這樣謹慎穩重又老實正直的人，最適合當牧師」，於是在瑪格麗特的勸說下，第一任丈夫進入神學院就讀，後因不適合而放棄牧師之路。

遇上第二任丈夫時，瑪格麗特已經在做研究，渴望鑽研相同領域的夥伴。對方本來是心理學者，為了實現瑪格麗特的願望而轉行。然而他占有慾強，渴望妻子時時刻刻關心自己，連妻子縫衣服時都會嫉妒衣服。和這種男人在一起自然沒辦法生小孩。
第三任丈夫，也就是瑪莉的父親格雷戈里，原本就厭惡母親想要掌控他的人生，聽到瑪格莉特挑剔他的儀容便選擇離開。

送給未來女兒的詩

瑪格麗特憑藉強大的溝通能力，和任何人都能建立起自己期盼的關係。然而她的作法卻往往讓心愛的人淪為受她操控的人偶，失去自己的人生。男人一旦發現遭到控制，便會轉身離開，沒有人能正面接納她在研究上所發揮的觀察力與分析力。

瑪格麗特三度離婚之後，深深明白這點，不禁恐懼也會因此遭到女兒嫌惡。比如說她總是會將與女兒的對話立刻記在筆記本上，一旁的瑪莉則會漸漸配合母親，說出值得記錄的話。這是因為瑪格麗特有時會將瑪莉視為年輕人代表，對外發表她的意見。瑪莉曾說：「瑪格麗特手上的筆記本是一種教育工具，促使對方說出自己所需的資訊。」筆記本之於瑪格麗特是工作上的道具，卻在不知不覺間成為操縱旁人的遙控器。

「母親對於育兒抱持過多理念，導致我覺得幸福就是透過人生證明母親是正確的。」

這樣下去，母女關係會重蹈夫妻關係的覆轍。瑪莉的迴避方式是在成為學者之後，主動向母親說明自己的研究概要，以避免母親干涉。瑪格麗特也在女兒長大成人之後，視她為一種「異文化」，單純享受兩人偶爾聊天的時光，而不介入她的人生。

瑪格麗特在瑪莉八歲時，悄悄寫詩給未來的她。詩的開頭是「我不要成為你前進時纏繞在你腳邊的慌亂亡魂」。瑪格麗特經常寫詩，這首詩是她最後的作品。

You must be free to take a path
Whose end I feel no need to know,
No irking fever to be sure
You went where I would have you go,

你必須自由選擇道路

而我不需要知道那條路通往哪裡
你抵達了我期盼你去的地方了嗎？
而我不曾為了想確認而焦躁

（瑪格麗特詩作）

幾年之後，瑪莉在母親的論文稿中找到這首詩。這首詩的對象似乎不僅是瑪莉，還包括逐漸疏遠的格雷戈里。

瑪格麗特能和任何人交朋友，可心愛的人卻一一離她而去。這首詩或許是她試著學習接受自己孤獨的命運，以及替終有一天將面對的分離而作的自我打氣之詩吧。

一九七八年，瑪格麗特的癌症已進展到末期。她暫時出院，和瑪莉回家。瑪莉當時很煩惱，究竟是該留下來陪伴母親，還是讓母親一個人待在紐約，接受遠在伊朗的新工作呢？瑪格麗特為了讓女兒安心，斬釘截鐵地表示：「我不想和無法相信我會痊癒的人住在一起，而且妳不是才接下新工作，要去伊朗設立大學嗎？」

那年夏天，瑪莉在學術會議上發表。瑪格麗特和格雷戈里則像是年老的情侶般，並肩坐在前排，凝視女兒。這是親子三人最後一次為了研究聚在一起。

So you can go without regret
Away from this familiar land,
Leaving your kiss upon my hair
And all the future in your hands.

去吧！不需要掛念
離開熟悉的土地
在我的髮上留下你的吻
而未來都在你手中

（瑪格麗特詩作）

最後，瑪莉在伊朗收到母親過世的消息。

世上還有許多眾所皆知的厲害女性，或是培養出厲害女性的母親。回顧這些人的育兒歷程，果然不同凡響。

黑柳朝

「我最討厭孩子的哭鬧聲與大人的爭吵聲。」

散文家／黑柳徹子的母親

黑柳朝出生於北海道山腳下的小鎮，父親經營自家的醫院，是民間醫生。父母採放任主義，從不打罵子女，也因此她少女時代就經常四處玩耍，生性活潑調皮。朝自小說話總是雙眼發亮，習慣誇大其辭，所以被取了一個綽號——「吹牛阿朝」。

「大家都說我言詞誇張，卻不願承認那是我的熱情。我覺得冷靜的說話方式很無趣，雙眼黯淡無神，著實掃興又乏味。」（黑柳朝《阿朝來啦》）

後來去讀了岩見澤高等女校也還是鎮日調皮搗蛋，經常挨罵。例如自行改短裙子，找來俄國籍的麵包師傅在學校賣麵包，和同學們一起買來吃，從宿舍偷偷拿來香草精油擦在身上，卻因此引發頭痛，甚至暈倒云云。

畢業後前往東京的音樂學校讀聲樂科，在歌劇團打工時認識了小提琴家黑柳守綱，在對方積極求婚之下，兩人結了婚，隔年長女黑柳徹子誕生。曾宣稱「我最討厭孩子的哭鬧聲與大人的爭吵聲」的朝，讓女兒每天玩到衣服破破爛爛，她也絕不生氣。就算女兒鑽過鐵絲網勾破了褲子，她的第一句話卻是：「那樣鑽，好玩嗎？」然後用心傾聽女兒分享鑽過鐵絲網的祕訣，甚至感動地說：「能夠說出有趣之處，表示她是真心沉醉在遊戲中，我聽了好羨慕……」

就算女兒做出將身體探出窗外等危險舉動，她也不會斥罵糾正，取而代之的是抓起女兒的腳將她倒過來，伸出窗外，讓頭撞到混凝土地上，實際體驗撞到了會多痛。朝打從童年時代就自由奔放，因此同樣不想阻礙孩子的好奇心。

徹子在無拘無束的環境下成長，上了小學會坐在窗邊叫廣告宣傳員來表演或是上課時和燕子聊天，成為老師眼中的問題兒童。老師把朝找去學校，表示要將徹子退學。儘管朝在老師面前抬不起頭來，卻怎麼也不覺得是女兒的錯，於是為女兒找了一所願意讓孩子自由發展的學校，還為了不讓女兒在心中留下陰影，隱瞞被退學的事。至於徹子日後進入巴學園就讀，巴學園又是一所多麼了不起的學校，這些都在日本戰後最暢銷書籍《窗邊的小荳荳》[1]裡有如實生動的描寫。此外，朝也時常和孩子一同遠足、參加運動會，享受校園生活。

一九四四年黑柳守綱上了戰場，朝隔年帶著三個孩子和年邁的母親疏開至青森。為了掙錢撫養五人家庭，她不辭辛勞，做了農業合作社的職員、裁縫、結婚典禮的餘興表演者和行商小販等工作。戰後，她依舊在青森與東京之間往來做生意，囚禁在西伯利亞戰俘營的丈夫終於在一九四九年返回日本。朝於四十七歲時生下三男，好不容易等七十歲結束育兒生活，決定接下來的人生要為自己而活，寫下了自傳散文《阿朝來啦》（チョッちゃんが行くわよ），於一九八二年出版後大為暢銷，一九八七年由NHK改編為晨間連續劇《阿朝》。作品改編成連續劇之際，她提出的要求讓NHK的工作人員嚇得不知所措：「我和《教父》的導演法蘭西斯・柯波拉（Francis Coppola）是朋友，請他來導演這部戲吧。音樂的話，柯波拉導演的父親是作曲家，可以請他父親負責嗎？」

自由成長、自由行動其實是非常不自由的。

要先拋棄許多小小的希望與欲望（以衣物為例，放棄要求小孩不要弄髒或弄破重要的衣服）才能給予更多自由與更大的幸福。

（黑柳朝《阿朝來啦》）

桐島章子

「要我說英語陪笑，還不如去挑糞桶。」

桐島洋子的母親

桐島章子是老街區醫院院長的女兒，作風時髦大膽。年輕時是喜歡運動的美女，橄欖球界盛讚她為「觀眾席上的女王」。她和三菱地所第一代社長的兒子桐島龍太郎因橄欖球結緣，而後共結連理。但婆婆原本希望將來要繼承家業的兒子能與貴族的千金小姐聯姻，對此婚事大感不滿，因此百般欺負章子。龍太郎趁父親過世之際辭去工作，帶著章子和三個孩子前往上海。曾夢想成為畫家的龍太郎，在上海成立報社，招待從歐洲亡命到上海的藝術家與日本文藝界人士住在高級公寓。章子一方面擔任豪華沙龍的女主人，客人紛紛拜倒在她的石榴裙下；另一方面，每天帶著年幼的洋子欣賞音樂會、歌劇和芭蕾表演。

1 國內首度出版於一九九二年，早年有許多譯本，現為親子天下出版。

第二次世界大戰結束，桐島一家用完了所有遺產，回到位於葉山的別墅。此時龍太郎已病倒，章子母兼父職，挑起養家的責任。她在院子開墾田地，弄得一身泥巴。儘管經濟壓力為家庭籠罩上陰影，她卻告訴洋子：「有錢與否不過是命運的安排，沒錢不代表一個人就沒有價值，不需要因此自卑。」洋子表示母親的豁達就像她最喜歡的作品《飄》（*Gone with the Wind*）的女主角郝思嘉一樣。當其他沒落貴族的太太邀請章子參加駐日美軍舉辦的派對時，她乾脆地拒絕：「才不要呢，要我說英語陪笑，還不如去挑糞桶。」並選擇將精力用在耕田與養雞。

桐島洋子

「從肚子裡生出真正的人類，真是厲害得教人發抖呢！」

作家／桐島渚、桐島澪和桐島舵的母親

桐島洋子年幼時正值第二次世界大戰，一家人搬往上海，家境富裕，生活無憂無慮。八歲時戰爭結束，家道中落，搬回葉山，在荒廢的別墅裡過起自給自足的貧困生活。身為么女的她因為出身東京而遭當地小孩欺負，小學時代沉浸於父母的藏書中，模仿雜誌《文藝春秋》編起了「兒童春秋」，活在自己的世界裡。她夢想當記者，高中畢業後進入文藝春秋新社[2]，卻被分派去打雜，負責回覆讀者來信。日子一久，文采

獲得賞識，終於得以調到她所憧憬的編輯部。

白天埋首於記者職務，晚上則是在公寓和高中時代的友人、外籍記者等開派對到天明，假日則熱中於騎馬與潛水。曾經騎馬前往輕井澤的別墅取稿，嚇了作家一跳。「我應該享盡了年輕女孩所能想像的一切自由。」（桐島洋子《渚、澪和舵——我的愛之航海記》）過膩了這種生活之後，她突然考慮起生個私生子。

她的對象是潛水界名人，美國海軍的退役中校。由於公司規定女性婚後必須辭職，於是她若無其事，瞞著家人和公司繼續工作，直到預產期前兩個月才佯裝生病，請了病假躲在海邊租來的房子，每天和戀人去游泳。沒想到竟遇上大浪被捲入海中，所幸最後被打回岸邊，但也因為衝擊引發陣痛，生下長女渚。她將女兒託給位於千葉的寄養家庭，產後一星期便回到職場。

隔年懷上第二個孩子。連續兩年生大病實在啟人疑竇，於是想到出國旅行這個藉口。存款雖勉強夠去旅行，但她打定主意，船上不需付醫療費，所以只要上了船就沒問題。可惜預約好了船票卻沒能順利取得休假，不得已只好提出辭呈。她依照計畫橫

2 現在的文藝春秋社。

跨歐亞大陸，在船上生下次女。因為在聖誕節出生，取名為「諾艾爾[3]」。

> 我這個人到底在想什麼呢？明明知道要是生了孩子，就再也沒有自由了。本以為生了孩子會突然改變想法，成為源源不絕的母愛俘虜，可事實是孩子出生之後在我身上找不到半點母愛的影子，將孩子丟著不管的我也一臉若無其事，到底我為什麼要生孩子呢？
>
> 究竟是為了什麼呢？還是為了自己吧！畢竟小孩很有趣啊！從肚子裡生出真正的人類，真是厲害得教人發抖呢！明明做得到這麼有趣又不可思議的事，我可沒辦法忍著不去做。
>
> （桐島洋子《渚、澪和舵——我的愛之航海記》）

洋子雖辭去了工作，卻不想捨棄自由與獨立，於是將澪交給同一個寄養家庭。當時她的戀人成為美國運輸船船長，兩人一起上了船，可沒想到男方和船主起爭執，兩人在越南被趕下船。洋子趁著遇上扒手得以重新申請文件的機會，自行擬了一封虛構的雜誌總編輯推薦函，取得記者證，成為戰地記者。並在戀人的護衛下抵達前線，採訪越南戰爭。回國之後發現自己懷孕，生下長子舵。

後來她和戀人分手，這時幫忙照顧兩個女兒的寄養家庭也因身體狀況而退休，洋子突然得負起照顧三名幼兒的責任。當時的日本社會根本不可能給單親媽媽當記者的機會，洋子心想與其窘迫地待在日本，不如去美國謀職。於是將舵託給愛育醫院，澪託給母親，自己帶著三歲的渚前往美國。到了美國之後，又將渚交給在當地認識的家庭，一個人去流浪。正當她心靈脆弱時遇上富豪向她求婚，便下定決心讓孩子來美國，卻在結婚前夕發現得簽署契約，保證離婚時會將孩子留給對方，嚇得她趕緊逃走。帶著三個孩子住進租來的便宜公寓，展開一家四口的生活。唯一的維生手段是她並不擅長的翻譯。其實比起翻譯，她更想寫作。抱著將之前的冒險寫成遺書留給孩子的心情，提筆寫下自傳散文。

出了第一本書之後，收到日本讀者來信，誇獎她的文字很美。她終於有了可以僅憑自己國家語言維持生計的自信，下定決心回到日本。當時長女渚已經五歲了。

剛回到日本時，洋子計畫請保母照顧三個孩子，好讓她去公關公司上班。不料保

3 Noel，聖誕節之意。日文名為澪。

母忽然辭職，導致她無法兼顧工作與家庭，只好再次辭去工作，天天帶孩子到公園和泳池遊玩，並一邊寫下第二部作品《寂寞的美國人》（淋しいアメリカ人），後來這部作品獲得大宅壯一紀實文學獎。一九七六年出版的《聰明女子好廚藝》[4]熱賣，獲得一大筆版稅，於是帶孩子去美國的度假聖地東漢普頓（Easthampton）住了一年。當時三個孩子分別是小學六年級、五年級和二年級。之前對孩子採取放任主義，這一年則是要用來重建子女的生活和日語能力。平素忙於工作的洋子，這下終於有較長的一段時間能陪伴他們。三個孩子也在大自然的環繞下，享受美國自由愉快的學校生活。一年之後，孩子不願意只待到夏天。洋子只好將孩子託付給他們自己找到的保母，獨自回到日本。後來因為與比自己年紀小的男性結婚而引發子女強烈反對，經歷激烈的反抗，最後在老么高中畢業時全家環遊世界一周，透過這場「親子生活畢業旅行」宣布自己已從母親這一行「畢業」。

母親想法大膽，下決定時乾脆俐落。我們在母親一連串決定之下，被迫過著游牧生活，日子像是驚滔駭浪中的小船。這種人生並不輕鬆，卻也很有意思，又能鍛鍊身心，算是不錯的教育方式，我很感謝母親。

（桐島舵〈後記〉收錄於桐島洋子的《鵝媽媽和三隻小豬》）

兒女和自由、好奇與恐懼都是無法兼顧的事物。然而我卻硬是決定要兼顧兩者，導致人生大幅搖擺。這是無可奈何的事，我也樂於跟隨這樣的命運。

渚、澪和舵，既然你們已經被捲了進來，就試著享受這種日子吧！肯定會發現許多有趣的事物。我非常喜歡這樣的人生，值得活著走一遭，我想你們一定也會非常喜歡。

（桐島洋子《渚、澪和舵——我的愛之航海記》）

小池惠美子 「跟別人一樣多無聊」

小池百合子的母親

小池惠美子是兵庫縣赤穗一帶的鹽田地主女兒，娘家姓小川。父親放蕩不羈導致英年早逝，惠美子看著母親含辛茹苦養大自己。她在第二次世界大戰中度過青春年

4 中文版為合作社出版。

華，成年後和企業家小池勇二郎結婚。丈夫丟著工作不管，埋首於政治運動，儘管生活往往因此變得一團混亂，卻還是生養了一男一女。

丈夫迷上石原慎太郎之後，反對學生運動派的學生和保守派等支持石原的人士開始進出家中，讓家裡更添紛亂。儘管如此，她卻從未抱怨，默默料理菜餚，餵飽所有來客，在背後支持丈夫的政治活動。當丈夫出馬參選時，甚至做好全家一起赴死的心理準備。雖說是一介家庭主婦，日常生活卻是如此不安定，因此她在百合子還是小學生時便經常提醒：「不能將結婚當作人生的目標，伴侶隨時可能因交通意外等事故而撒手人寰，女人要學會自立自強。」

經歷了戰爭和婚姻，沒能實現自己的夢想，所以盼望兩個孩子能活出自我。她的口頭禪是「跟別人一樣多無聊」，所以參考外國雜誌親手縫製時髦的童裝，讓孩子穿上後自豪與他人不同。她尤其希望女兒能活得自由自在，「在這個時代女人想做什麼就能做什麼，放棄這樣的機會太浪費了。」

本來想當英語口譯的百合子看到當時已有許多高手，便下定決心至埃及念書，學習阿拉伯語。惠美子聽了高舉雙手贊成：「這是個好主意！」百合子放棄日本的大學學歷，申請到埃及的開羅大學留學。惠美子前去埃及探望女兒時突然提議：「百合，我想在開羅開一家日本餐館。」這是因為百合子帶她去開羅唯一的一家日本餐館時，壽喜燒裡加的不是白菜，而是高麗菜。惠美子這番決心是認真的：「我這輩子沒能完成任何一件想做的事，今後就讓我隨心所欲吧！」

她這輩子只當過家庭主婦，不懂英語更不會阿拉伯語，一個人在國外開餐館自然是難上加難。然而就算全家強烈反對，她的心意也不曾動搖：「不做做看怎麼會知道呢？」

她一心一意想讓埃及人品嚐道地的壽喜燒，一年後日本餐館「浪花」開幕。丈夫也因事業失敗，同樣來到埃及，協助她處理銀行和稅務問題。夫妻倆日後任由女兒自行回到日本，在開羅經營餐館長達二十年。

樹木希林

女演員／內田也哉子的母親

「只要餵飽三餐，其他事情交給別人教就好。」

樹木希林於一九四三年出生於橫濱野毛，母親經營平價居酒屋，父親為琵琶演奏家。也許是半夜尿床持續到小學四年級的緣故，年幼的她總是緘默不語，杵在一旁默默觀察周遭人們。女校畢業後，因擅於傾聽的性格通過了劇團文學座的考試，走上演員之路。拍攝連續劇《時間到了！》時認識前來探班的搖滾樂手內田裕也，兩人一拍即合。談婚事時還發生裕也連自己的戶籍地在哪裡都不清楚的烏龍，多虧希林用心查了出來，兩人才得以完成結婚手續。她三十一歲時參與連續劇《寺內貫太郎一家》，演出金婆婆一角，開始廣受大眾喜愛。

懷上裕也的孩子之後，希林厭倦了「夫妻吵架十分激烈，每天都會有好幾次拿出菜刀來」（〈內田也哉子談內田家與母親樹木希林的臨終〉）的日子，生產前夕決定分居。她找好公寓之後，將鑰匙交給丈夫，說了一句「請你搬出去住」，從此展開長達四十年之久的分居生活。一九七六年，獨生女也哉子出生。根據也哉子的說法，童年時母親的管教方式「實在非常激烈」。例如當她伸手想摸掛在地爐上的鐵壺，母親就一把抓住她的手拉去碰了一下鐵壺，聽到她痛得慘叫，母親便說：「很燙，對吧！今後妳一輩子都知道要小心了。」還讓她從幼兒園便使用菜刀，母親即使看到她切到手也毫不驚慌。

也哉子上幼兒園之前，裕也單方面提出離婚申請，希林於是將他告上法院。隨後媒體蜂擁到她的住處，騷動波及了女兒，家附近的幼兒園拒絕也哉子入學，希林只好讓女兒從幼兒園到小學都去上國際學校。由於父母的行事作風總是驚世駭俗，也哉子從小就決定要當個中庸的人，也從不向同學提起父母的身分。

母女倆的生活樸素節儉，給女兒吃的總是由鐵鍋炊煮的糙米飯配味噌湯，還有魚肉料理和醬菜。希林從不買玩具和新衣服，母女倆都是去販賣自然農法食品的超市購物。小學時同學之間流行交換可愛的文具，也哉子卻因為母親不肯買印有卡通圖案的文具而無法融入同儕群體，因此對母親感到忿忿不平。衣服也總是撿大人剩下來的，沒有一件符合自己的尺寸。樹木希林還曾將某位女演員友人送的衣服修改給女兒穿，那天女兒跟著她去片場，竟有人對她說「妳女兒的打扮真奇怪」。也哉子第一次收到母親買新衣服給她是慶祝上國中的時候；當時兩人經過山本耀司的門市，希林居然一口氣買下所有想要的衣服。也哉子嚇了一大跳，因為她始終以為自己家境貧困。

希林的育兒信念是：「孩子只要餵飽三餐就行了，其他事情交給別人教就好。」母女倆相依為命的生活，總是得讓周遭的人幫忙帶小孩。由於自家一樓就是經紀公司，「有的員工會幫忙看功課，也有的會做其他的事，無論如何都有人出手相助，所以我一點也不覺得自己是一個人在養孩子，而是不斷接受許多人伸出的援手。」（《走在，沒人想去的地方》）。多虧如此，也哉子不曾聽過母親對育兒這件事有任何怨言。

希林雖然和丈夫分居，依舊深愛對方，處處顧及他的面子。女兒要結婚時，她還拜託女婿本木雅宏：「為了讓內田家傳承下去，可以請你入贅嗎？」結婚典禮招待的賓客也多半是內田裕也的友人。

希林晚年癌症擴散全身，她決定讓家人看到自己邁向死亡的模樣，於是出院回家。女兒一家從英國回到日本照顧她，最終她在家人的陪伴下離開人世。

（前略）要說我哪些事計畫錯誤的話，就是我以為「生了就會有所改變」。光是「生了」不會發生任何改變，唯有學習怎麼和這種不自覺的自我中心相處，才能發現點「什麼」。而要說我找到了點什麼，就是像我這樣的人居然能接受他人的自我中心，實在是出乎意料。

倘若生了孩子之後變成無趣的女演員，代表我也不過就這點程度罷了。

（每日新聞社《SUNDAY每日》一九七七年八月二十一日號）

猛媽 9

養老靜江

貫徹戀愛與自我的女子

「我不知道為什麼這個節目名稱要叫『偉大母親的故事』，應該是負面的意思吧？」

朝日電視臺有一檔紀實節目《偉大母親的故事》，內容是讚賞名人的母親。解剖學家養老孟司[1]上節目時，從名稱就否定了這個節目。

「『偉大的母親』原本的意思是指母親像如來佛，子女像孫悟空，孫悟空無論如何都翻不出如來佛的手掌心。這樣的母親極度恐懼子女獨立，就算子女想擺脫掌控，母親也會早一步幫子女安排好一切，阻礙子女自立成長。」

相較於一般人眼中「偉大的母親」會為了培育子女而犧牲奉獻，養老孟司的母親養老靜江卻是天差地別。

養老靜江生於十九世紀末，是日本女性醫師的先驅，一手創立並經營小兒科醫院，執醫看診直到九十四歲。與其說她培養出兒子養老孟司這名在日本醫界地位崇高的名人，不如說她自己就是個偉人。她同時也是「為愛而生」的女人。先是和律師結婚，生下兩子，又和小自己將近十歲的對象陷入情網，最後與律師離婚，嫁給熱戀對象，生下養老孟司。兒子即便過了朝杖之年，還是將母親看作「無論活到幾歲都無法超越的高牆」。無論從正面或是負面角度看待養老靜江，她都是所謂的「偉大的母親」。

小學時代就思考「生命的意義」

一八九九年，養老靜江出生於神奈川縣津久井溪谷一角的山中小村。她是外婆家族裡的第一個孫輩，格外受疼愛。靜江的妹妹出生後，外婆便將靜江帶回身邊養育，此後靜江在有大批傭人的富裕家庭中備受寵愛地過了三年。靜江的母親後來看不下去，將靜江接回家，但她早已長成誰都管不住的調皮女孩。家人們遇上父親總是戰戰兢兢，只有她毫不害怕、恣意頂嘴，可父親卻莫名容任女兒的反抗。

即使靜江回到務農的家裡，也是在山谷間奔跑嬉戲，下河抓魚，過著無拘無束、自由自在的生活。上了小學，她無視於妹妹會幫忙做家事，一個人躲起來讀少女雜誌。全家因採茶忙得不可開交之際，她仍獨自溜去搖曳著花朵的草原上躺著偷懶。某天她聞著隨風飄來的油菜花香，不禁仰望天空思考：「活著究竟是怎麼一回事？」

1　生於一九三七年，日本東京大學名譽教授，醫學博士、解剖學家。二〇〇三年出版《傻瓜之壁》狂銷斯四百一十九萬冊，為日本戰後第四大暢銷書。

要是我消失了，這片天空和周遭的一切也會隨之消逝。所以我認為所謂活著是要好好愛自己，照著自己的本性而活。

（田嶋陽子《女人的晚年》）

萬物存乎一心，所以要活得隨心所欲。當時她根本不知道這般想法會帶來日後波瀾萬丈的一生。

念醫學院是因為憧憬當女醫

靜江自高等小學[2]畢業之後，奉父命隻身前往橫濱的縣立女子高中就讀。當時女性從高中畢業後，通常會走上兩條路：一是由親戚幫忙找好對象，然後相親結婚；二是進入師範學校當老師。

靜江討厭那些高高在上的人，也討厭聽人說教，要她嫁人或當老師都是不可能的事。當時從教育界開始，逐漸出現所謂的「職業婦女」，例如提倡女子品德教育的下田歌子[3]等人。然而靜江討厭這些老是高談闊論的傢伙，唯一憧憬的是女醫師吉岡彌生[4]，認為她不僅對工作全力以赴卻也不忘打扮，對溫柔伴侶撒嬌的模樣滿盈女人魅力，是她心目中的理想女性。

一九一八年，靜江進入吉岡彌生創立的東京女子醫學專業學校就讀。正當她全心全意投入醫學時，一位財閥社長為了尋找再婚對象，提出與她相親的要求。

當時圍繞在她身邊的男性，還有個在校外讀書會認識的青年律師。她和那位社長無論年齡與家境都差距太大，聊不起來，與青年律師倒是無話不談。靜江在一九二三年取得醫師執照，隔年以研究生的身分進入東京帝國大學醫學院小兒科的醫局[5]工作。一介女子剛畢業便能踏上菁英路線，正是因為青年律師早一步替她安排妥當。

帝國大學的教授在當時可是極具權威的人物。然而靜江從小就在無懼權威的環境下成長，無法理解為什麼周遭的人都那麼害怕教授。

2　相當於現在的國中一、二年級。
3　一八五四～一九三六，明治、大正時期的詩人、教育家，創辦實踐女子大學。
4　一八七一～一九五九，創設現今東京女子醫科大學的前身東京女醫學校，致力培育女性醫師及振興醫學教育、研究。與前述的鳩山春子、下田歌子等人都是當時為日本女子教育打下基礎的女性教育者。
5　醫學院教授為首的組織。

她處事不卑不亢，無論是前往病人家中看診、處理雜務或值夜班都認真負責。或許因為如此，每位教授都非常關照她，她甚至與眾人避之唯恐不及的護理長建立起交情。這也導致那些平常老是遭到教授嚴格訓斥的資深護理師看她不順眼，時常找她麻煩，她好幾次都躲起來偷偷掉淚。

剛開始工作的那一年發生關東大地震，她親眼目睹朝鮮人遭到大屠殺的恐怖景象[6]。但她沒有多餘時間沉浸在震驚的情緒，很快就捲起袖子照護那些因地震與相關災害而受傷的民眾，忙到廢寢忘食。醫院裡滿是因燒傷而死的遺體，再加上得知友人遭誤認為朝鮮人慘遭傷害，更加重了內心的打擊。然而這位研究生菜鳥身心接二連三受創還有另一個原因——青年律師突然向她求婚。青年律師雖然具有權勢且富領袖氣質，卻早已成家，因此在靜江眼中只是個值得信賴的商量對象。身心皆感到疲憊的她，自此之後請了一個月的長假回家鄉休養。

一連串的衝擊讓靜江痛苦得想上吊自殺，不料青年律師早一步來到老家取得父母的信賴，明明返家靜養卻無處可逃。原本因為對方態度過於強硬而心如止水，卻仍抵擋不了熱情而同意結婚。那是一九二五年的春天，靜江二十五歲，律師三十五歲。

沒有愛情的名媛生活

律師夫人的日子和在醫學院教授底下忙到暈頭轉向的生活猶如雲泥之別。從煮飯到掃除，所有家事全由傭人包辦。她聽從丈夫的要求，隨侍在側，陪同聆聽客戶諮詢，連袂出席宴會和出差。丈夫有時也會和她分享法庭經驗，並覺得她不拘泥於常理的意見很有趣。往來的都是上流階層，買東西只需要簽個名。靜江從小在農村長大，婚後就像是進入另一個世界。

作為一子一女的母親，她在養育子女上毫無經濟壓力。但她的醫學背景卻屢屢刺激她採取不同於一般女子的行動。當時產婦往往得吃上一星期稀飯，並住院三星期。那個年代之所以普遍採取這種作法，推斷是因為媳婦一回家就得負擔沉重的家務，所以特意讓產婦休息。

但靜江第一次生產時嘗試了在醫學院學到的知識，早早起身下床和補充營養。產

6　關東大地震發生後，謠傳朝鮮人放火與在水井裡下毒，許多朝鮮人以及遭人誤會是朝鮮人的中國人或日本人因此遭到殺害。

後第三天就吃天婦羅，第五天帶著護理師去外食。院長看到她連蜜豆洋菜冰都吃了才回醫院，不禁皺起眉頭。然而正因為充分攝取營養，她的身體狀況迅速恢復，母乳充足，孩子也睡得很好。她親身體驗到西醫的知識是正確的。

另一方面，丈夫毫不體諒妻子正忙於育兒，屢屢要求靜江協助工作，她無法配合時便大發脾氣。

每當夫妻吵架，丈夫總是離家出走或到外頭花天酒地。然而靜江本就對丈夫不抱男女之情，也從不為此吃醋。與其在夫妻關係上大耗心神，不如活用好不容易才取得的醫師執照在外行醫。與丈夫商量的結果，她雖不能去醫院看診，卻能在丈夫友人開設的兒童福利機構「大乘學園」擔任義務校醫。對丈夫而言，形同以妻子代替捐款。

雖然只是志工，但不管是母子安置庇護所還是附近大雜院的窮苦人家，能投身於醫療照護還是令靜江感到很快樂，這是她頭一次感受到當醫師的樂趣。假日帶著學園的孩子去看電影，煮鍋燒麵給遭嚴重體罰的不良少年吃。她慢慢感受到自己沒有愛而毫無生氣的名媛生活，如今透過奉獻行善變得生氣蓬勃。

可是另一方面，丈夫不甘於自己一擲千金，明明花了錢要讓妻子過上最頂級的生活，她卻活躍於與他截然相反的世界，兩人的代溝日益加深。

遇上帶有一雙美眸的青年

此時，靜江邂逅了正就讀於第一高等學校的養老文雄。這天，她在律師事務所員工的邀約下，前往觀賞第一與第三高等學校的學生比賽划船。第一高等學校划船社的社團經理朝一同來加油的靜江等人揮手。當時靜江正因夫妻不和而心情鬱悶，笑到露出一口白牙的爽朗青年顯得十分耀眼。之後這名青年來丈夫的事務所打工，靜江試著邀請「外表無懈可擊，擁有一雙美眸的青年」喝咖啡，青年卻不搭理她，明明其他員工都會乖乖聽她的話……

他很高傲，就只有他不聽從我的命令，所以我才會這麼在意他吧。真是怪了。

（田嶋陽子《女人的晚年》）

這簡直是偶像團體「糖果合唱團」的歌曲〈比我小的男孩子〉中描述的世界。兩人偶然在事務所獨處時，文雄的一番話強烈刺激了靜江，促使她下定決心。

「我反對妳的婚姻。妳沒有聽從自己的心靈，不是真心活著。」

正直的青年一眼看穿靜江徒具虛榮表象的生活，一句話便打中了她的心。然而文雄在進入帝國大學之前辭去了律師事務所的打工。靜江是第一次體驗到陷入情網，不知該如何是好。雖然從未收過文雄回信，卻還是不斷寄信給他。文雄直到四年後才突然造訪事務所。那天是來打招呼，通知所內他明年春天即將大學畢業，成為社會新鮮人。

「我希望妳能離婚，活出妳應有的人生。」

靜江想離婚並重拾醫師工作，自立自強。儘管丈夫不答應，但她心意已決。另一方面，文雄雖也有婚約在身，卻說服了靜江的父母，安排好離婚事宜。靜江帶著兩個孩子回到娘家，將孩子交給父母和妹妹後，開始在醫院上班，從早忙到晚。所幸城裡長大的兩個孩子也很快就融入了鄉村生活。靜江唯一的樂趣是和文雄約會。然而離過婚又帶著拖油瓶的女人成天和有未婚妻的年輕男性混在一起，只會毀掉對方的人生。她決定將這番心意放在心裡，和文雄分手：「我們不要再見面了。」「嗯，妳也要好好保重身體。」

一九三五年，也就是離婚兩年後，靜江在家鄉當起開業醫生。有一天她訪視完病人回到家時，發現文雄坐在客廳裡等她。

「我有件重要的事要拜託妳，請和我結婚。」

文雄進入貿易公司工作之後，解除了婚約，並且說服家人親戚，做好了一切準備來向靜江求婚。過了一年，兩人長達七年的戀情終於開花結果。當時靜江三十七歲，文雄二十八歲。靜江將兩個孩子留在娘家，在鎌倉和文雄展開兩人的新生活。

「你是什麼時候愛上我的呢？」

「從第一次見面的時候。」

到了兩歲還不會走路、不哭也不笑的孩子

婚後沒多久，靜江便懷了文雄的孩子，取名「孟司」。文雄儘管工作繁忙，下班回家還是會幫小孩洗澡，十分疼愛這個兒子。一九三八年，靜江重拾身心平靜，再度執業，但不如以往忙碌。長女從鎌倉的家去上女校，在東京念國中的長子週末回到鎌倉，看到同母異父的弟弟故意開他玩笑：「大頭大頭，下雨不愁，人家有傘，你有大頭。」這應該是靜江人生中最寧靜滿足的一段時光。

但生活中還是有些事令她發愁：較大的孩子們發育正常，么子卻快兩歲還不會走路，不哭不笑，語言發展也比同齡兒童遲緩，她擔心到帶孟司去做智力檢查。

外向的母親無法理解內向的兒子。靜江和護理師一同努力，希望能挽救兒子發育遲緩的問題，唯一的救贖是兒子一看到喜歡的事物便雙眼發光。

我之所以「太沉默寡言」，是因為母親老是說個不停，我默默聽著罷了。

（《朝日新聞報》二〇一五年九月十六日〈人生的禮物〉我的前半生，解剖學家養老孟司：三，七十七歲）

然而更令人擔心的是丈夫的健康狀態。當時戰況愈演愈烈，文雄在貿易公司負責處理軍方的重要物資，工作繁重。無論靜江如何要求他休息，他總是笑著繼續工作，並說：「要是兵單來了就得赴死，至少現在讓我徹底做好喜歡的工作。」靜江身為妻子束手無策，最後文雄在六月底因結核病倒下。

療養了將近一年，某個秋天放晴的日子，躺在床上的文雄招手要正在吹頭髮的妻子過來。靜江將臉頰貼在文雄的一隻手心，文雄低聲呢喃：「妳的頭髮散發麥子的香氣，好美好美，可不要燙也不要剪才好。」「好的。」就在此時，兩人同時冒出同一句話：「好心疼你。」

驚訝之餘，兩人連忙打住接下來要說的話。沒多久，文雄的病情便急轉直下，轉眼間撒手人寰，享年三十三歲。他的遺言是：「我是好人，所以會早死。妳很任性，所以總也死不了。這就是所謂的『業報』。」兩人的婚姻生活只有短短五年。

家裡成為「左派基地」

靜江當時四十二歲，必須挑起養家的責任，根本無暇傷心。當時連男性醫師都得上戰場，正是她這名女醫發揮所長的時機。戰爭結束後，她還是獨自賺錢養家，根本沒空照顧孩子。每天在醫院看診、去病人家中訪視，晚上還要應酬。與其說她沒空顧孩子，不如說是忙到根本沒空回家。晚上也常要去病人家中訪視，早上都在補眠，做早餐變成長女的分內事。

靜江常常不在家，受到戰後民主主義洗禮的孩子們，以長子和長女為首宣布：「今後我們家也要採取民主主義！」

「民主主義是什麼意思？你們以後不當我是媽媽了嗎？」

「家裡以後要採取『報告制度』，而不是『許可制度』。」

雖然搞不太清楚是怎麼一回事，但既然自己都活得隨心所欲，孩子們照做也無妨。就當是重新投胎做人，遵循孩子的想法吧！無論是升學、工作還是結婚，每件事都是家族成員自行決定，事後報告。

先不管兒女要求家中行事必須遵循民主主義，自家成了左派分子的基地也著實令她啞口無言。進入早稻田大學就讀文學系的長子成為共產黨員，長女和哥哥的夥伴談起了戀愛，於是家裡成了黨員們群聚的場所。

靜江早上起床，走下二樓時，就看到一樓擠滿熱情辯論了一晚、倒地就睡的年輕人。這群早稻田的大學生還曾經拆了警察局的招牌帶到他們家裡，警察差點就要強行進門搜索。她僅能對著護理師口頭抱怨，可她們對民主主義也早就見怪不怪。靜江拿這群年輕人沒辦法，只好加入成為一分子。當大家唱起歌來，她也跟著唱。

「阿姨，拜託妳演一下那個。」

每當有人要求時，靜江總會鬆開一頭黑髮，模仿《四谷怪談》的女主角阿岩。她守著當年和亡夫的約定，留著一頭長髮沒燙。雖說當初文雄可不是為了方便她扮女鬼才叫她不要燙不要剪的啊……

沉浸在昆蟲之樂的小兒子

家裡既無大人又群聚著一群叛逆的學生，對小學生來說可稱不上良好的學習環境。然而此時孟司沉迷於昆蟲，一點也不在意。

母親經常為了急救病人而不在家。有時我下課回家，會發現誰都不在家，只見到不認識的人（應該是哥哥的友人）。儘管如此，我也毫不在意，自己一個人就讀起了大百科或是拎著捕蟲網出門抓蟲，放進瓶子裡直盯著看。我從來不曾因為沒人陪我玩而感到寂寞，因為我一直以為玩就是一個人做的事，根本不懂什麼叫做寂寞。

（NHK「我還是個孩子」製作團隊《我還是個孩子的時候(二)！》）

孟司小時候會一個人蹲在玄關前，觀察在狗大便上爬行的糞金龜，久久也不厭倦。靜江看了往往會說：「真是個奇怪的孩子。」「是不是心情不好啊？」「真不討喜。」然而孟司表示正因為昆蟲和母親「毫無關聯」，所以才能全心投入。

靜江總是拿死去的丈夫和孟司比較，「你爸爸可比你了不起多了」。聰明敏銳，人品出眾，情感專一。文雄三十三歲便過世，在靜江心裡始終是年輕帥氣的容貌，對於兩人唯一的結晶自然期待有加。

然而對於孩子而言，以完美的超人當標準實在過於沉重。畢竟母親性格自由奔放，隨心所欲也仍受人喜愛，十足是充實人生的榜樣。鎮日穿著日式圍裙為病人看診，有時還徹夜不睡，揹著眾人以為病入膏肓的幼童直到孩子康復。當地孩童也十分仰慕這位如同母親般呵護自己的小兒科醫師。

個性外向、受人歡迎的母親無法理解孟司，以至於他少年時代常鑽牛角尖，認為「我就是個怪人」，就此躲進自己的世界裡。他會選擇沉浸在昆蟲的世界裡逃避現實似乎並非不能理解。好在靜江因大受病人歡迎，工作忙碌，沒有多餘的時間管教他，這對孟司而言或許反而是件好事。

某天晚上，哥哥的友人們又在隔壁房間喧鬧，孟司一個人在房間裡默默製作昆蟲標本。母親回到家，一如往常，看到他便開始訓話：「孟司偶爾也要念點書吧？不說話、不打招呼、不是昆蟲就不要。你這孩子怎麼什麼都不要呢？」「但有一心投入的興趣也不壞，畢竟你是我的孩子。」重點在這句話之後。

靜江眼看兒子這麼喜歡昆蟲，便透過朋友介紹研究昆蟲的老師。她沒空陪兒子前往拜訪，問他能否自己搭車去東京找老師。儘管還是小學生的孟司從未獨自搭過電車，卻還是馬上回答「我可以自己去」。隔天早上起床，就發現枕頭旁放了錢和老師的地址。靜江沒有時間陪伴兒子，也不了解內向的兒子，卻仍願意支持兒子的興趣，這是她獨特的母愛。

聳立於兒女面前那座「母親的高牆」

靜江總是將這句話掛在嘴上：「珍惜自己，思考而後動。」

> 但是小孩也有話要說。就算母親總說讓我照自己的心意去做，可還是看得出母親心下是贊成或反對。如此一來，根本做不出母親反對的事。
>
> （養老孟司，朝日電視臺《偉大母親的故事》）

儘管熱愛昆蟲，孟司並未走上研究昆蟲之路，而是考取了東京大學醫學院，選擇當一名醫師。理由是回應母親的期待，「習得一技之長」。

儘管靜江並未要求兒子繼承家業，但他看著母親克服震災、戰爭與丈夫過世的危機，自然明白醫師是個可靠的職業。孟司畢業後，進入東京大學醫學院附設醫院工作，並在此經歷了三次醫療事故。他無法承受病患因為自己的失誤而死，於是找上靜江諮詢，得到的回答卻是「要修練到頭髮都白了才能成為真正的醫師」。這位媽媽實在太偉大了，孩子根本學不來。撞上母親這堵高牆，做兒子的決定換一條路走。孟司最終選擇面對遺體的解剖學，之後的發展誠如諸位所知，在此就不贅述。

相較於么子乖巧遵從母親的教誨，長女和靜江之間倒是經常出現激烈爭執。

> 姊姊大怒，拿起菜刀追逐母親，兩人曾經就這樣在街上你追我跑，繞了一圈才回家。當時我們家在警察局附近，拿著菜刀的女兒追著逃跑的媽媽，經過警察局前再回家（笑）。
>
> （《朝日新聞報》二〇一五年九月十七日〈人生的禮物〉我的前半生，解剖學家養老孟司：四，七十七歲）

雖然無從得知爭執的緣由，激烈程度的確遠勝於一般母女。孟司曾表示自己之所以晚婚，正是因為兩人造成他的女性恐懼症，這也是另一道由母親築起的高牆。

順帶一提，長女從職業學校畢業之後進入劇團。本以為她想當演員，卻突然和哥哥的朋友結婚。對方是東大畢業的經濟學者，兩人婚後育有兩女。然而她似乎將母親當作反面素材，成了「過度保護、熱心教育的媽媽」。看來她應該也是想盡辦法要跨越母親這道高牆，只是採取和弟弟不同的作法。

靜江九十歲時因結締組織疾病而病倒，長女希望她住院，卻在她強烈反對下放棄。一年之後，靜江奇蹟似地康復了。長女毫不客氣地說：「看吧！要是那時候讓媽媽去住院，現在早就死了。」這對母女又在說反話了嗎？

連田嶋陽子都熱淚盈眶的一番話

長子因為過度熱中左派運動，大學念了七年只拿到四個學分，後來慘遭退學。儘管學生時期如此放蕩不羈，當靜江病倒、行動不便時，和她同住且擔起照護責任的卻是長子。過去靜江診療過的病人和鄰居也紛紛前來，幫忙煮飯洗衣。

在眾人的協助下，她直到一九九五年以九十五歲高齡過世前都還持續行醫，並且在雜誌上連載自傳。自傳出版時，她已年過九十。但傳記當中最熱情的文字並非描述兒女親情，而是已然過世的丈夫：「我無時無刻不想他」、「這世上我最愛他」。

靜江過世前一年，知名的女性主義者田嶋前來採訪。田嶋因上電視節目時發言直率犀利而遠近馳名。當時靜江已虛弱到無法自行起身，卻還是不住向田嶋炫耀亡夫的優秀。那副模樣簡直像是戀愛中的少女。

「我只想待在丈夫身邊，跟他在一起整個人像要融化了一樣。」

「由我來說也許很不得體，但他真的是難得一見的好男人。」

對於常遭人抨擊個性古怪的田嶋，她則如此安慰：

並不是妳怪，今後這個社會會愈來愈進步，妳也會活得更加自在，我們這些任性的人就先團結起來吧！

（田嶋陽子《女人的晚年》）

這番話不是說教，也不是恭維，而是對於同志的率真安慰。連身經百戰的田嶋聽了都熱淚盈眶。養老靜江果然是包容一切的偉大母親。

猛媽 ⑩

山村美紗

不擅長表達母愛的推理小說女王

相信日本電視臺最常提及的「猛媽」，應該是已故的推理小說作家山村美紗。她的作品本本暢銷，豐厚的版稅也讓她時常登上富豪排行榜。不僅如此，她的日本舞已取得花柳派認證，有專屬的藝名；花道是池坊派的準華監，可以教授插花；茶道亦為老師級的程度；連駕照都是能夠參加日本國內賽車比賽的A級駕照……不愧是「詭計女王」，經歷驚人。一頭鬈髮搭配粉紅色禮服的宣傳照更是彰顯了女王風範。她同時也是位寵溺女兒的母親，業界都知道，想要將她的小說改編成電影或連續劇，就得安排長女山村紅葉在戲裡軋上一角。她的小故事都趣味橫生，談話性綜藝節目自然喜歡邀請山村紅葉來分享關於母親的回憶。女兒提到的故事不勝枚舉，一個比一個繁複又充滿推理小說色彩。例如「直接買下喜歡的高級餐廳，改裝成住家」、「家裡四處安裝要輸入密碼才打得開的門」、「為了阻止女兒和男性接吻，偷偷在女兒衣服上裝竊聽器」、「因為要研究小說中的詭計，買了太多家電，每個月的電費高達二十萬日圓」、「推理揭穿女兒利用轉接電話偽裝遵守門禁」。雖然紅葉靠著這些必會引來眾人哄堂大笑的故事贏得滿堂彩，我卻覺得她莫名散發出大吃一番苦頭的氣息。明明像她這樣的千金大小姐，靠著母親的遺產與人脈便衣食無缺，又總是以幽默風趣的形象出現在眾人面前。

從小就讀遍江戶川亂步與谷崎潤一郎等給大人看的小說

山村美紗的父親是法律學者，曾經擔任朝鮮總督府京城法學專業學校的校長。所以她自幼時直到戰爭結束都在殖民地朝鮮的京城生活，也就是現在的首爾。

父親喜愛閱讀，買了許多日本國內外的童話與漫畫給女兒看。美紗覺得日本的童話單純無趣，善惡分明，結尾一律充斥說教訓誡，反倒偏好國外的故事。但自從讀了友人忘在她家裡的《怪人二十面相》之後，便完全迷上江戶川亂步的少年小說。無論是謎題、大逆轉還是詭計，全都緊緊抓住她的心。山村家二樓的牆面全是書架，藏書豐富。美紗讀完江戶川亂步之後，又從父親的書架上拿起谷崎潤一郎、吉川英治等寫給大人看的作品，一本讀過一本。

美紗不僅愛讀書，還擅長摘錄小說，將內容濃縮後說給弟弟聽。她很疼愛弟弟，可惜挑選的故事太過驚奇詭異，在幼小的弟弟心中留下陰影。據說弟弟孩提時聽了愛倫坡（Edgar Allan Poe）的作品《過早的埋葬》（*The Premature Burial*）後遲遲無法忘懷，即使當上了大學教授，還是不斷對家人說他死後至少要停棺三星期才能下葬，看來愛倫坡的故事對幼小的孩子來說實在過於刺激。

美紗以首席成績從小學畢業，進入女校就讀直到戰爭結束。明明一家人可以早早回到日本，偏偏認真的父親想要將工作好好交接給當地人而留下，這段期間他們一家只能靠著在路邊販賣父親的書和其餘值錢物品維生，等到十二月終於返回日本，山村家幾已坐吃山空。

樂趣是「盯著天花板解數學題」

回到日本之後，原本生計無虞的山村家頓時陷入愁雲慘霧。戰時因人手不足，在國家動員下美紗前往雲母工廠工作，勞動加上營養失調，導致她經常氣喘而臥床不起。

當時她幾乎無法上學，平時的樂趣是盯著天花板解數學題，最喜歡的是畫一對輔助線就能一口氣解決的困難幾何問題。弟弟長大之後回想，美紗指導幾何和高等數學時都是從定理或是公式證明出發，所以後來他的數學功課都不請教姊姊了。

美紗的另一個樂趣當然是閱讀。父親的藏書已經四散，於是她指揮放學回家的弟弟順道去租書店租書。她在鄰居姊姊家的倉庫裡發現江戶川亂步的作品，再度沉浸於亂步的幻想世界裡。對於無法融入封建社會的美紗而言，自由奔放、妙趣橫生的幻想世界正是最好的避難所。

等美紗上了高中，父親終於回到母校京都大學任教，生活雖然不再窮困，美紗的健康狀況卻並未好轉。全家在京都展開了新生活，但她卻益發孤獨寂寞。

氣喘嚴重時，即便躺下也睡不著，更無法解幾何題和讀書。這時只能閉上眼坐著，全心投入幻想：我是生了肺病的楊貴妃，等著皇上拿水果給我；我是探險家，正在非洲狩獵猛獸。狀況稍微好轉時，又解起了幾何題。病弱的體質讓她做什麼都沒自信，解數學題是她維繫自尊心的唯一辦法。

美紗後來好不容易調養好身體，念完大學，進入中學教國文。一九五七年和同校任職的老師結婚，一九六〇年生下長女紅葉。紅葉記得母親還是中學老師時，曾經在三角形的桌子上寫文章。那張桌子是美紗將嫁妝的衣物箱切成三角形做成的，理由是「有三點就能形成平面，所以桌子做成三角形剛剛好」。

紅葉三、四歲時看到裝了熱湯的杯子在桌上移動，覺得很驚奇，美紗便以空氣膨脹原理和摩擦係數來解釋這種現象。當好奇心旺盛的美紗聽聞附近平交道發生交通事故、打赤腳就衝過去時，幼小的紅葉會拿著拖鞋追在媽媽後面喊：「媽媽，這樣跑出去很危險啊！」

扮演「完美家庭主婦」

美紗從小沉潛在數學與書籍的世界中，難以融入平凡的家庭生活。然而她畢竟成長於京都的封建家庭，儘管家裡有女傭，認為女人結了婚就得負責所有家務的保守價值觀依舊深植於心中。

紅葉誕生四年後，美紗辭去教職，成為家庭主婦。親手做點心給女兒吃，在院子裡種菜，自己剖切一大隻完整的鮭魚和青鮒，每逢節慶就準備西式、中式和日式混合套餐。她無論做什麼事都一絲不苟，無可挑剔，然而這場扮演完美主婦的情節卻沒能持續幾年。

次女出生改變了美紗原本的生活。晚上每三個小時就得起床燒水泡奶，哄睡又要花上一、兩個小時。小孩聽到翻書聲便會醒來哭泣，所以連書也讀不得。好不容易哄睡了，距離下一次泡奶又只剩一小時。想到這裡就更睡不著，近乎神經衰弱。

既然無法入睡，就來做點別的事吧！美紗躺在床上，懷裡摟著小嬰兒，盯著天花板構思起小說情節，如同當年氣喘發作臥躺在床時腦中幻想故事情節和解幾何題。而當了母親之後，她想的都是推理小說情節，靈機一動識破犯人的詭計就好似在數學的證明題上作答時瀟灑寫下「因此得證」一樣。

到了早上，她一會兒單手搖著搖籃，一會兒又背起小嬰兒，照顧孩子的同時將夜裡想到的點子寫成小說。次女午睡時便一起進入夢鄉，睡眠時間變得斷斷續續。

在女兒的口袋裡偷放「無線麥克風」

一九七〇年，美紗因為作品入圍大獎，刑事連續劇《特別機動搜查隊》系列找上她寫劇本。

當時次女已經會四處走動，美紗於是拿橘子給她，「來，剝這個橘子給媽媽看」、「剝好了嗎？那把它們一個一個排好」，趁著小孩忙著玩橘子時，在廚房或是玄關寫作。當時長女紅葉已上小學，美紗親手縫製許多滿是口袋和小包包的童裝，將監聽的器材藏進衣服裡，透過FM收音機確認女兒的位置。在電視機還是奢侈品的那個年代，美紗為了實現父親想看棒球賽轉播的夢想，竟買來三千多個零件，自行組裝電視機。如此心靈手巧，安裝區區的監聽器材自然易如反掌。紅葉根本不曉得媽媽在自己身上裝了一堆機關，當美紗接收到紅葉從公園的鞦韆跌下來的訊息，馬上趕到公園。

紅葉看到媽媽出現時，還以為媽媽是超人。

每次去旅行時，美紗總是拿出相機拍下映入眼簾的一切細節。看到紅葉露出無法理解的表情，美紗曾經如是解釋：「媽媽以後會變成當紅作家，忙到沒空去旅行取材，所以現在就要先收集好資料。」

美紗充滿野心，也曾經去東京自我推銷了幾次。她不在家時，就是傭人負責照顧孩子。然而當傭人因為自家孩子發燒而請假時，美紗總會毫不留情地怒罵她們。紅葉的外婆曾因為擔心孩子獨留家中便前來幫忙，美紗見母親為此事操煩又更加遷怒於傭人。紅葉看了很是心痛，因此還曾在接到外婆打電話來時，隱瞞媽媽去東京的事。

九十九分就是不及格

然而比起親戚更可怕的是鄰居。京都畢竟是比較保守的城市，光是沒在正常時間洗晾衣物，就可能會傳出難以想像的可怕耳語。

因此美紗若是遇到要搭一早的新幹線去東京時，總會先洗好衣服，在室內晾好。等到時間差不多了，再由紅葉將曬衣桿拿去陽臺。在眾人眼裡，美紗一輩子活得隨興自我，在偶然的因緣際會之下成功。然而在「女人要先做好家事和育兒才能工作」的社會環境下還能堅持野心，毫不氣餒，實在不是件容易事。

紅葉看到母親為了完成夢想而精神緊繃，她也總是得配合母親，於是發誓將來一定要當一名為了家庭奉獻的專職主婦，親手為小孩做便當。

美紗正式成為作家出道同年，恰好紅葉開始上國中。她念的是菁英群聚的國立中學，身邊同學都被媽媽照顧得好好的。紅葉卻因為母親剛出道特別忙碌，和同學形成強烈差距。大家去上滑雪課時，每個人都穿著媽媽親手編的毛衣和最新款的滑雪裝。美紗別說是親手編的毛衣了，連紅葉要上滑雪課都不曉得，只讓女兒穿著不防水的連帽衣便上陣，滑完雪回來一身濕漉漉。此外，紅葉也曾經姊代母職送妹妹去托兒所，弄得自己趕不及上課，嚴重遲到。

美紗是完美主義者，又是怎麼看待這段時光的呢？她很少提及私生活，〈「育兒推理學」的建議〉（收錄於《美紗的戀愛推理學》）是她少數關於育兒的散文。這篇文章的內容簡而言之是宣傳她的育兒小祕訣，說明自己在工作繁忙之際還能抓住孩子的心。例如面對青春期的孩子應當採取「放任」作風，就像刑警特意讓嫌犯自由行動，等待出紕漏時一舉收網。所以她贏得孩子信任的方法是打從心底肯定，放任孩子自由行動，絕不干涉。她總是毫不吝惜地誇獎女兒；考試將近時利用得意的推理能力尋找可能會出的考題，取代口頭訓斥要女兒好好讀書。她總是對女兒說：

「無論發生什麼事，媽媽都會站在妳們這邊。就算哪天警方要追捕妳們，媽媽也會出面保護妳們。遇上警方埋伏，我也從中突破，助妳們躲過警方。要是妳們被抓走了，媽媽會將線鋸器藏在要給妳們的東西裡，或是挖地道幫妳們逃獄。所以妳們無論做了什麼壞事，都要讓媽媽知道。」

美紗的手藝如此靈巧，或許真的拼裝得出挖地道的機器。這番話出自她口中，格外有說服力。她強調就算陪伴孩子的時間短暫，只要讓子女覺得父母支持自己，感受到信賴與安心，孩子還是能和父母交心。

當工作堆積如山，即將截稿時，她也不會丟下女兒不管，而是帶她們去高級餐廳用餐，買她們喜歡的東西，最後告訴她們：「媽媽接下來要專心寫稿嘍！」

她認為以具體行動表達對女兒的關愛，她們便能理解母親已花了時間陪伴她們，所以其餘時間得熬夜工作。她不想為了養育孩子而減少工作量，反而是向女兒展現她即使通宵也要完成工作的英姿。她對女兒的教誨是「就算因此會死也要完成約定好的工作」。

然而根據紅葉的說法，美紗不但不擅讚美，還是位「非常嚴格的母親」。老是批評紅葉的作文；喜歡的男孩子在她口中變得一無是處；模擬考拿到九十九分也會挨罵：「為什麼考不到一百分！」倘若為了準備考試而不幫忙做家事，她便會暴跳如雷：「要是因為幫忙做家事就考不好，表示妳不會念書，乾脆就別念了！」現實生活和散文天差地別。

紅葉曾在訪談中表示母親「害怕有一天遭到市場淘汰，所以沒有餘力關心我吧」。看來散文中的育兒技巧和小說中巧妙的詭計一樣，都是未曾實踐的理論。

不完美就不安心的「女王」

山村美紗雖然總是擺出一副女王的派頭，其實內心十分緊繃，和她相識三十多年的好友西村京太郎也證明了這件事。他在弔文中描述的山村美紗缺乏自信，與眾人心目中「打扮誇張、個性豪爽、和氣待人、才華洋溢」的形象完全是天壤之別。

她屢屢向西村確認：「同樣是作家，我和K誰比較厲害？」對於初次見面的人則是拚命強調她的作品多麼暢銷，就算西村告訴她「誰都知道妳是當紅作家」，她還是惶惶不安：「搞不好那個人根本不認識我，我很怕別人不知道我是誰，瞧不起我。」

出版社老闆帶著員工來找她，她事前花了一整晚將姓名占卜的書背下來，用姓名占卜捧了喜歡算命的老闆兩小時。儘管她已經如此用心款待，事後卻還是反覆向西村確認：「我是不是說太多了呢？」「老闆會不會覺得我很囉唆，再也不來京都找我了？」她總是擺脫不了恐懼，總認為自己不受喜愛，也缺乏寫作的才能。充滿誇飾法的育兒散文和嚴格管教女兒的作法，其實都是害怕自己不夠完美不為他人所接納。

相對於熱愛豪華出場的母親，紅葉毫不在意外表，全副精神投注在課業，考上早稻田大學政經學院。她還是學生時，來家中討論將美紗作品改編成連續劇的製作人注意到她，邀請她參與演出。紅葉難得被母親誇獎，印象最深刻的是國中參加灰姑娘的英文話劇時意外獲得讚美。美紗從未出席學校的參觀日和家長面談，連小孩學校有活動也常忘得一乾二淨。當時卻為紅葉買來粉紅色的光滑布料，親手縫製戲服。看完戲後還盛讚女兒：「很漂亮，很厲害。」要是再度穿上禮服表演，媽媽也許會很高興吧？

「走後門演員」的真相

山村紅葉靠著電視連續劇《燃燒的新娘——殺人詛咒的禮服在京都》出道成為女演員。雖然她飾演的角色最終連同禮服一起慘遭火吻，演員工作卻出乎意料地有趣。讀大學期間，她就演出了二十部連續劇，還有經紀公司想和她簽約。但她從未學過演戲，又受到母親嫌棄「長得不夠漂亮，演技也不怎麼樣」，大學畢業之後進入大阪國稅局，從事稅務調查。紅葉容易遭人批評是「走後門」，動用母親的人脈想必能輕輕鬆鬆進入電視臺或出版社工作，選擇當國家公務員正是為了離開母親的庇蔭。婚後辭了職，才在友人邀請下重返演藝圈。

美紗總是過度干涉女兒的演藝事業，例如女兒想要參與和母親作品無關的工作，便會遭到美紗以「沒有我的人脈，妳哪做得來」為由大加反對。與其說女兒利用母親的人脈，不如說美紗並不願意讓女兒離開自己築起的城堡。

現在回想起來，我們母女過於貼近以致心靈遙遠，換句話說就是明明近在咫尺卻心存隔閡。（中略）假設一般母女的距離是一公尺，我們有些部分像是密不可分的「同卵親子」，有些部分又像距離數十公里遠，看也看不見，是非常奇妙的母女關係。

母親不願意我在沒有她人脈的地方從事演員工作，應該是因為她親自感受到女兒的痛苦。她不是「擔心女兒」，而是因為「自己也會痛」。我則是從小就有許多事想抗議，卻因為太了解母親的心情而什麼也說不出口。

（山村紅葉〈留下解不開的謎團　詭計女王山村美紗的真面目〉《婦人公論》二〇〇一年三月二十二日號）

要是不夠完美，就沒有人會接納我——美紗將自我的恐懼投射在女兒身上，處處挑剔嫌棄。儘管如此，兩人還是曾經一同出門旅行。那次是因為祕書和傭人都生病，於是美紗以一天兩萬日圓的酬勞僱用紅葉陪她出門。

當天美紗溫柔到像是變了一個人，還興高采烈地買了許多首飾和土產給女兒。紅葉嚇了一跳，不禁脫口而出：「媽媽突然變得這麼溫柔，難道是快死了嗎？」這是兩人最後一次旅行。

女王的「臨終」

一九九六年九月五日，山村美紗在飯店寫作時猝死。紅葉當時人在京都拍攝改編自母親小說的連續劇，聽到消息馬上驅車趕往東京的飯店，將母親的遺體移回京都家中，再趕回拍片現場。製作人和導演看不下去，建議當天暫停拍攝，然而紅葉提出母親的教誨「就算因此會死也要完成約定好的工作」，要求繼續拍攝。

原作者也是為了遵守截稿時間而寫到過世。既然她女兒都這麼說了，大夥只好繼續拍下去。當導演喊卡結束的那一瞬間，女主角片瀨梨乃默默地上前擁抱紅葉。

守靈當晚，前來悼念的賓客摩肩擦踵，門庭若市。最後剩下山村紅葉與妹妹、西村京太郎和演員若林豪。若林豪經常演出由美紗的小說改編而成的連續劇。當時恰好是「山村美紗推理劇」的播放時間，於是在西村京太郎的提議之下，拿下蓋在美紗臉上的白布，一起看連續劇。

美紗躺在棺材裡，和要好的作家、演員與女兒們一同觀賞寶貝女兒參與演出的

《山村美紗推理劇：京都一條戻橋事件　因愛犯罪還是為了功名富貴而殺人？》，想想這種守靈方式真符合她的風格。正是因為美紗認為謀殺非常黑暗可怕，故事舞臺才更應該明亮華麗，而她的喪禮也是盛大豪華猶如頒獎典禮，處處擺上她最喜歡的向日葵與蝴蝶蘭。

電視臺相關人士在美紗過世後告訴紅葉：「令堂生前說過妳是靠她的人脈才能上電視，所以她得留下大量的作品才夠改編成連續劇。」驕傲的推理小說女王也曾經為了女兒而低頭拜託與她有交情的演員，「還請多多提攜我家紅葉」。

無視於自己的健康狀況，執筆不輟其實是為了口中嫌棄個不停的寶貝女兒。就算女兒被警察抓走也要挖地道去救人——想必這是她的真心話。說到底，詭計女王其實是不擅長表達母愛的媽媽。

猛媽 ⓫

阿思緹・林格倫

孕育《長襪皮皮》的正是玩心勃勃的媽媽

看到當時年僅十六歲的瑞典環保少女格蕾塔・童貝里（Greta Thunberg）在聯合國滿腔怒氣地演講時，應該很多人會聯想到《長襪皮皮》[1]。綁著辮子的女孩皮皮是從兒童文學誕生的瑞典國民英雄。她精力十足，不上學，不屈服於權威，為了內心深信的正義而不惜與大人對抗。一名小女孩的罷課發展為全國人民支持的社會運動，代表民眾要求國家重視女性與兒童的聲音。不愧是皮皮誕生的國家。

但即使在瑞典，也並非打從一開始就如此尊重女性與兒童。創造出皮皮的作家阿思緹・林格倫（Astrid Lindgren）因二十世紀前期缺乏性教育，十幾歲時意外成為未婚媽媽，過了一段辛苦的日子，最後卻能利用故事的力量將瑞典改造為「忽視女性與兒童的聲音便會被撻伐」的國家。

玩過頭、玩到會死的地步

一九〇七年，阿思緹・林格倫在瑞典斯莫蘭省（Småland）的內斯（Näs）農場出生。父母從事農務，勞動繁重。家裡有四個兄弟姊妹。她是長女，六歲就幫忙農作，負責拔除多餘的蕪菁苗或是準備雞飼料等等。父母對於工作與規矩十分嚴格，在生活細節上則不多加干涉。就算趕不上用餐時間，自行去糧食儲存室找東西吃也無妨。無論是玩耍時弄破了衣服、玩泥巴弄得全身髒兮兮，還是爬上廚房桌子打翻麵糊，潑灑得到處黏答答，只要不是故意犯錯，都不會挨罵。

母親對於玩耍採取放任態度，正確來說是忙到沒空管孩子。因此四個孩子恣意爬樹、走在高聳的屋頂假裝走鋼索、潛入水面很深的河裡、在乾草堆裡挖洞穴作為祕密基地，或是滾進羊圈裡的牧草堆，假扮成馬戲團團員四處玩耍。

寬敞的家中也是孩子的遊樂場。例如「這個肚肚」是一個人扮鬼去追其他人，而被鬼的手指點到肚子的人就得當鬼；「不沾地」是想辦法爬過家具從房間這頭到另一頭，一路上腳都不能碰地。每項遊戲都讓父母看了就頭疼，阿思緹等人卻從來不曾因此挨罵。她長大後表示小時候竟然沒「因為玩遊戲而死」，還真是奇蹟。

阿思緹的童年之所以如此幸福，奠定於父母良好的感情基礎。父親十三歲時便對當時是班上模範生的母親一見鍾情，後來也一心只追求她一人。兩人結婚後，對妻子從不吝於表達愛意，以那個年代的農夫而言十分稀罕。

1 *Pippi Långstrump*，中文版為親子天下出版。

我們四個孩子看慣了父親有事沒事總會撫摸母親，表達愛意。

（《阿思緹・林格倫：日常風景》）

父親溺愛妻子與子女，母親只要求子女培養勤勞的美德，從不過度干涉，四個孩子無拘無束，自由奔放。

童年時代結束

阿思緹每天沉浸於遊戲中，卻在十三歲的夏天驀然意識到童年時代已經結束，認定自己是全世界最醜陋的女孩，一輩子不會談戀愛。當身邊的女孩聊起戀愛話題時，她總是舉二次元人物為例來蒙混：「一定要談戀愛的話，我會選《三劍客》（*Les Trois Mousquetaires*）裡其中一個當作對象。」只有躲進書中才能尋得心靈平靜。

孤獨的文學少女在青春期的尾聲迷上了爵士樂，開始於夜晚參加各式舞會。影響她最深的是法國暢銷小說《男人婆》[2]。

小說中女主角蒙妮卡雖是富有人家的女兒，卻拒絕馬甲與禮服，成天打扮成男人的模樣，叼著菸，耽溺於酒精與舞會，而後未婚生子。蒙妮卡重視做自己勝於強調女性魅力的姿態跨越國界，吸引許多不願意走上與祖母或母親相同人生的各國少女，在一九二〇年代受到熱烈支持。同樣因此覺醒的阿思緹，成為村子裡第一個剪短髮的女孩，穿上褲裝、夾克，戴上領帶，行為舉止也模仿男性。

她熟讀尼采（Friedrich Nietzsche）、狄更斯（Charles Dickens）、叔本華與杜斯妥也夫斯基（Fyodor Mikhailovich Dostoevsky）等人的書籍，聊天時經常引用這些名人的作品。藉由和壞女孩混在一起或惡作劇引來大人反感。簡言之，她想刻意表現出「反骨叛逆」的一面。

阿思緹在日後的採訪中表示：「幸福的童年結束之後，青春期令我感到十分無趣。」她終其一生幾乎不提起那段青春歲月。我猜想對於阿思緹而言，童年不需在意男女之別，可以和兄弟姊妹盡情投入粗暴危險的遊戲；長大成人則代表須符合社會期待，以及女性就該「美麗賢淑」的性別規範，應該讓她相當痛苦。

2 *La Garçonne*，一九二二年出版即掀起一陣旋風。作者是維克多．馬格里特（Victor Margueritte）。

十八歲懷上主管的孩子

一九二四年從中學畢業後，阿思緹進入當地報社實習。她十三歲時曾經投稿到報社，文章描述兩名少女肅穆地埋葬老鼠、以及孩子們沐浴在昏黃夕陽中的場景，充滿詩意，也象徵著告別童年時代。這篇文章獲得報社採用，總編輯也對她的文采留下深刻印象，得知她畢業便主動找她來上班。

工作了兩年半，十八歲的阿思緹向報社提出辭呈，大腹便便地前往首都斯德哥爾摩。孩子的父親便是那位總編輯。他迷上的不只是阿思緹的文采。阿思緹本來以為一生都不會談戀愛，這是她第一次遇到追求者。儘管對方是四十九歲的已婚人士，還是上司，這一切就像小說裡的情節，讓她不覺深陷其中。

瑞典深受清教主義影響，因此阿思緹從未接受過任何避孕的觀念，加上深信上司是地方仕紳，不會傷害她，反而導致她陷入困境。總編輯一得知她懷孕就想拋棄妻子，和她結婚，可阿思緹不想。因為總編輯和大部分與年輕女孩談戀愛的中年男子一樣，擁有強烈的控制欲，一心想綁住阿思緹，不但禁止她去跳舞，甚至嫉妒她和家人間親密的感情。

那個時代墮胎還是違法的，兩人對結婚也沒有共識，阿思緹最後僅能以未婚身分生下孩子。然而在保守的鄉下因婚外戀情懷孕還當上未婚媽媽，想必吃盡了苦頭，更重要的是阿思緹的母親是虔誠的教徒，一直以來就極度厭惡年輕的未婚媽媽。她只得獨自離鄉背井，以免父母發現自己的處境而大失所望，甚至氣壞身體。

兩人不能結婚還有其他理由：那時總編輯正在和妻子打離婚官司。總編夫人為了阻止丈夫奪走她的財產，正在蒐集他外遇的證據。原本總編輯打的主意是悄悄送阿思緹去斯德哥爾摩生產，等官司結束再與她結婚。然而要在瑞典國內生產，報戶口時必須填上父親的名字，要是妻子發現他的情婦已為他生下孩子，可能會影響判決，對他並不利。

總編輯如此自說自話之下，阿思緹被迫前往丹麥哥本哈根，只因為在當地報戶口不需寫上父母姓名。當時有一名女律師積極推動支援未婚孕婦的運動，她在女律師的協助下抵達哥本哈根，並於同年底產下兒子拉斯（Lars）。慶幸的是，她也找到了溫柔包容且名聲良好的養母來照顧兒子。

阿思緹回到斯德哥爾摩之後重返校園，學習打字和速記等技能，隨後擔任事務所祕書。許多未婚少女在哥本哈根生下孩子後就此分隔兩地，不再見面，她卻為了探望拉斯，撙節生活費作為旅費。一到星期五晚上就搭乘夜間火車，在車上一路睡睡醒醒到丹麥，星期六中午抵達養母家，和拉斯鬧騰玩上二十四小時後再搭乘星期天晚上的夜車趕回斯德哥爾摩，星期一大清早趕到事務所以免遲到。三年來她為了拉斯十四度跨越國境，以至於生活總是很拮据。儘管如此她還是想見到孩子，而這或許不單單是出於母愛。她曾說：「孩子出生後，我才發現原來我還有享受遊戲的餘力。」（《拜訪阿思緹．林格倫》）。要求女性須符合傳統規範的社會令她厭煩不已，和拉斯共同度過的時光卻將她帶回童年時代。

拉斯回憶童年時和母親一同玩樂的情景：「她和別人的母親不同，從來不曾坐在沙坑旁的長椅看著孩子玩耍，而是自己也加入和孩子一起玩耍。」

據說每次阿思緹回斯德哥爾摩後，拉斯都會累到整整睡了一星期。

一九二八年的春天，總編輯終於打完離婚官司，再次向阿思緹求婚，阿思緹一口回絕了。不僅僅是因為對他的感情已經全然冷卻，總編輯和前妻一共生了七個孩子，她實在不認為自己能和拉斯在這個家庭中建立未來。遭到拒絕的總編輯大發雷霆，怒氣沖沖地威脅要將寄給拉斯養母的錢減半。但這股怒火很快在夏天消失了，因為他決定和新對象結婚。真是個不可理喻的麻煩男子啊！雖然想穿越時空，讓他接受全民公審，但最後他獨自前往哥本哈根探訪拉斯時，緊緊地抱住拉斯，還流下眼淚：「你和你媽媽真是一個模子印出來的。」他在工作倫理上雖濫用權勢，對阿思緹和拉斯應該仍然是真心的。總編輯寄了一封信給阿思緹表達深切的反省，阿思緹的回信十分溫柔：

「你無需要求我原諒，兩人感情觸礁絕非你的錯，也非我的錯。（中略）啊！下起雪來了，這場雪美好、悲傷又溫柔。那時你床邊掛了一幅畫，畫裡是秋天的景色，現在我的心情就如同那幅畫。」

再會了，永遠的搗蛋鬼。阿思緹不同於總編輯至今遇到的所有女性，又寫得一手好文章。總編輯終於放下執著，一九三一年將對家人的回憶集結出版，又與第三任妻子生了四個孩子（真是精力充沛啊！）。

重拾「童年時代」

三年來和孩子分隔兩地，大幅改變阿思緹對兒童的想法。當時許多少女和她一樣，沒受過性教育，卻因為不負責任的男人而懷孕，只得偷偷摸摸生下孩子。

那個年代沒有托兒所，未婚媽媽沒辦法和孩子一起生活，小孩也被迫在惡劣的環境下生活。她的室友將女兒寄養在孤兒院，她跟著室友去探望時大受打擊。室友送給女兒的糖果一下就被沒收，小女孩在阿思緹面前只是不斷哭泣。她深感孩子應該和父母一同生活，重新審視自己過去的所作所為——「我一定傷害了拉斯」。

拉斯的養母因為心臟病發驟世，阿思緹便將兒子接回家。二十二歲的新手媽媽什麼也不懂，怕孩子感冒硬是給他穿著厚重的衣物，害他熱得半夜踢被子；孩子咳了整晚睡不著，失眠的她隔天只能睡眼惺忪地去上班。正當她手忙腳亂育兒之際，強大的援軍出現了。阿思緹的母親終於願意接納孫子，並且要女兒帶孫子回家。

阿思緹帶著拉斯回到父母的農場，對他介紹農場中的動物，教他兒時玩過的所有遊戲。

儘管不擅育兒，遊戲對她來說可是得心應手。例如在乾草堆裡挖隧道的方法、站在石牆上也不會跌下來的祕訣、躺在草堆上發掘雲的形狀等等。下雨天就在家裡玩「不沾地」的遊戲。農場裡到處都是動物，還能自由嬉戲，在四歲的拉斯眼裡就像一座樂園。由於阿思緹與總編輯外遇生子的事傳遍了全村，母子倆外出散步時總有村人品頭論足，指指點點。但阿思緹已經不是當年那個缺乏自信的少女，她挺起胸膛，表現得落落大方，無視於眾人好奇的視線。最重要的是讓孩子感受到她童年時代的幸福，她相信孩子的成長果然還是要在大自然裡。然而拉斯不時露出的不安眼神卻刺痛了阿思緹的心。他問媽媽：「我能夠一直待在這裡嗎？」突然被帶離溫柔的養母身邊，男孩很害怕自己是不是將再度遭到遺棄。

寓言的欺騙性質

阿思緹升上正職員工，生活漸入佳境之際，又出現新的追求者。這次的對象是大她九歲的經理史區爾・林格倫（Sture Lindgre）。他是個浪漫的文學青年，還會寫詩送她，可惜又是個已婚上司。這一次同樣也是上司為她瘋狂。史區爾不惜與妻子分居也要搬到阿思緹的宿舍附近。隨後他火速離婚，一九三一年四月在阿思緹老家和她共結連理。

兩人在斯德哥爾摩建立家庭，又將在農場住了一年半的拉斯接來一同生活。由於婚姻生活安穩，母子倆總算可以安定下來。

阿思緹發誓今後要認真照顧孩子。她用心觀察，將兒子的趣味言行和發問都記錄在家計簿背面。上幼兒園的第一天，拉斯回到家對她說：「一個人的時間真棒！」還時常談論他的夢想，有時想發明永動機，有時又想征服北極。要是阿思緹生在現代，應該早就是出名的媽媽網紅了吧！

一九三四年，長女卡琳（Karin）出生，家中經濟變得拮据。阿思緹為了分擔家計，活用寫作能力，趁著照顧孩子的空檔編輯旅遊指南和地圖，有時也會投稿短篇故事到報社。儘管如此，她還是非常珍惜與孩子一同玩樂的時光，不時陪孩子一起爬樹，還曾因此將洋裝的臀部處磨破了一個洞，走路時只能靠拉斯貼在屁股後幫忙遮掩，真不曉得究竟誰才是媽媽，誰又是小孩。拉斯的朋友來家裡玩時，她和拉斯會將毛毯掛在兩張椅子之間，微笑邀請對方在中間入坐，當小男孩以為是長椅而坐下時，便一屁股跌在地上，被毛毯和笑聲包圍。

卡琳回憶當時的生活：「我記得那時候好喜歡和媽媽在一起。跟在媽媽身邊總是驚奇又好玩，從來不覺得無聊。」

阿思緹跳上路面電車時掉了一隻鞋，只好在下一站下車，單腳跳著回去撿鞋子。諸多驚人之舉一點也不像兩個孩子的媽，卻引來孩童們熱切的眼神。她透過和子女及其他孩子愉快的玩耍，自己也回到快樂的童年時代，這些經驗都是她日後創作的養分。

阿思緹對孩子們說了無數個故事，從安徒生到小熊維尼，還有自己異想天開編出的故事。卡琳說：「母親只有想說故事的時候才會說故事。倘若她是為了說教或是基於道德觀點來編故事，我肯定聽不進去吧！」

她偶爾也會說寓言故事，但往往都覺得被孩子看穿了意圖。例如她看到拉斯乖乖吃下不愛吃的食物時，便說：「聖誕老公公肯定會誇你是個好孩子。」卻遭到拉斯反問：「那麼聖誕老公公會對媽媽說什麼呢？」她想透過寓言來教育孩子，根本是小看了孩子的思考能力。認真觀察兒童的言行舉止，加以記錄，最終發現寓言所隱含的欺騙性質，在在奠定她成為兒童文學作家的基礎。

她的觀察對象逐漸擴及親戚的小孩、子女的玩伴，還有公園或馬路上遇到的孩童。她不愛說教，看到許多大人無視孩子的意見、甚至無理打罵便感到心痛。等子女都上了學，她也親眼目睹學校的權威主義與凡事一律發號施令的行事風，對於大人的壓迫更為反感。一九三九年十二月，日報《今日新聞》（*Dagens Nyheter*）刊登了一篇十多歲小讀者投稿的短文〈年輕人的反叛〉。那是阿思緹聽了拉斯十三歲時在中學發表的簡報〈當小孩的「技術」〉後深受感動，改寫了兒子的文章後投稿到報社。

要當個小孩並不容易。最近在報上看到相關的文章，讓我嚇了一大跳，因為難得在報上看到關於這類真相的報導。（中略）要當個小孩代表從睡覺、穿衣、刷牙到擤鼻涕，生活中每個環節都不是真正適合自己的作法，而是得配合大人。比方說，不能吃白麵包，一定得吃裸麥麵包。（中略）連外表、健康、衣著與未來等關乎個人之事都必須默默聽從大人的囑咐。我有時會想，倘若我們的角色和大人互換，情況會變得如何呢？

（〈年輕人的反叛〉）

這篇文章不僅是為年輕人發聲，或許也是阿思緹內心深處的真實吶喊。

《長襪皮皮》誕生

一九四一年冬天，七歲的卡琳罹患麻疹臥病在床，懇求母親說故事給她聽。由於嚴重到好幾天都下不了床，唸了好幾個故事的阿思緹已經沒故事可說。她問起女兒想聽什麼樣的故事，女兒回答：「我想聽長襪皮皮的故事。」

長襪皮皮？她當下即興創作出名為皮皮的女孩：這個女孩最強壯，一個人無拘無束地生活，挨了大人的罵也毫不氣餒。卡琳喜歡上皮皮的故事，屢屢要求母親多說一些；後來連來家裡玩的朋友也迷上皮皮的故事，於是皮皮的冒險故事更加豐富了起來。

阿思緹一九四四年春天時因腳受傷而在家休養，決定將長襪皮皮的故事集結成書，送給卡琳慶祝她十歲生日。

她躺在床上彙整腦中的點子，以速記的方式記錄下來，再以打字機三兩下整理好文稿。未婚媽媽時期學會的祕書技巧在此派上用場。書稿雖裝訂好了，腳傷卻還沒痊癒。她將初稿寄給大型出版社，附上一封信，信中以尼采的術語說明皮皮的故事精神：皮皮是外表為孩童模樣的小「超人」（Übermensch）。羅素（Bertrand Russell）的《教育論》（*On Education*）主張兒童最顯著的本能是渴望成為大人，但阿思緹認為正確來說是「行使力量的意志」。

皮皮不支配他人，也不受他人支配，根據自己認定的正義而行使力量，這的確是尼采定義的「超人」。現代的女孩追求的是性格堅強、連大人都刮目相看的女英雄，就連小女孩都能透過《冰雪奇緣》的艾莎了解何謂「行使力量的意志」，自然會喜歡皮皮這樣的主角。可當時的社會並非如此。

皮皮這種前所未有的女性角色來自阿思緹童年時代即銘記於心的價值觀，是她叛逆少女時期武裝自己的理論，並經過長年觀察兒童實際得證的智慧。起初出版社認為太過離經叛道而拒絕出版。

等待出版社回信期間，林格倫家發生了一件大事。丈夫史區爾在七月上旬的某個晚上告訴阿思緹他愛上了別人，希望與她離婚。阿思緹過去為了珍惜與孩子遊戲的時光，安於在家做個家庭主婦。而離婚代表生活即將陷入困境，將幸福寄託在男人身上果然太虛幻了。卡琳年紀還小，阿思緹必須自立自強好撫養女兒。她報名一家小出版社「羅邊＆霍格倫出版社」（Rabén & Sjögren）的徵稿比賽獲獎，十一月時出版了一部以認真積極的少女為主角的故事——《碧蒂瑪莉的信心》（*The Confidences of Britt-Mari*）。

隔年一月，史區爾和外遇對象分手，回到阿思緹身邊。這時阿思緹已經踏上作家之路，出道作收到的讀者回函都是好評，其中一封信給了她極大的鼓勵：「已婚女性照顧孩子又從事行政工作，還能寫下此書實在偉大。（中略）我由衷希望作者能為讀者多花點時間，將這部愉快有趣的作品延續下去。」這封回函也為阿思緹打了一劑強心針，讀者如此讚不絕口，肯定要寫下去了。

她趁勢將之前遭到其他出版社拒絕的《長襪皮皮》拿給羅邊＆霍格倫出版社負責審稿的女士。這位負責經營圖書館旗下兒童劇場的女士一看便愛上了這個故事，鼓勵她投稿今年的徵稿比賽。但是想拔得頭籌就得修改部分內容，例如刪除將馬糞帶進馬戲團、抬起尿桶將裡頭的尿潑灑在人們身上滅火等橋段。

一九四五年，在這位女士的傾力相助之下，《長襪皮皮》勇奪冠軍，得以出版面世。阿思緹想和卡琳分享得獎的喜悅，卻得到女兒冷漠回應：「別將我和皮皮混為一談。」這時卡琳已經接近阿思緹當年感覺童年消逝的年紀了。

送給所有「不想長大」的人

阿思緹三十七歲才正式踏上寫作之路，以幽默風趣的筆觸描繪兒童心目中沒有大人阻撓的世界，受到小讀者熱烈支持。

《長襪皮皮》讓她一躍成為知名作家，兩年之內又寫了兩本《長襪皮皮》的續集和《大偵探小卡萊》（*Mästerdetektiven Blomkvist*）、《吵鬧村的孩子》（*Alla vi barn i Bullerbyn*）等作品，銷售量累積超過十萬本，勇奪四座文學獎。這三部知名系列作品奠定了阿思緹兒童文學作家的地位，寫作期間也正逢她的孩子走向獨立之時。

愛作夢卻不愛讀書、總為阿思緹帶來無限煩惱的卡琳終於在一九四七年五月順利從知名高中畢業了。畢業舞會當晚，卡琳聽完母親道晚安，忍不住在被窩裡大聲哭了起來。

「媽媽，我不要長大。」

卡琳又繼續哭著說：「我也不希望媽媽變老。」阿思緹只是溫柔地傾聽女兒抽泣哭訴。「和媽媽聊完，我覺得好多了。我要活到變成大人那一天！」《長襪皮皮》三部曲的結尾是湯米和安妮卡逐漸長大成人，皮皮則寂寞地凝視蠟燭的火焰，維持孩童的模樣。如此感傷的結局或許也象徵了阿思緹能和子女玩成一片的時光終告尾聲，「內在的孩童」感到十分寂寞。

阿思緹在日後寫給筆友的信中提到：「打從少女時代起，我始終懷抱著微小的憂鬱。人生當中真正覺得幸福的時光只有童年，這或許是我為何如此熱愛寫作的原因。鑽進書裡，便能再次體驗童年的幸福時光。」阿思緹讓內在的孩童活在作品中。

史區爾事業成功之後沉溺於酒精，幾乎不再回家。阿思緹身邊已經沒有會追著她跑的小孩，也沒有會一同閱讀的溫柔丈夫。一九四〇年代末期，《長襪皮皮》光是在瑞典便熱賣三十萬本，雜誌、戲劇、電影、唱片、廣告和周邊商品等跨媒體改編將這部作品推廣到全瑞典。阿思緹的著作多達十六本，原本瀕臨破產的小出版社也因為

《長襪皮皮》，搖身一變躍為瑞典國內數一數二的大出版社。一九五二年丈夫死於肝硬化也不曾影響阿思緹的事業。

卡琳描述當時的生活：

「我們的生活沒有太大改變，經濟上也維持原貌。家計有母親支撐，我也還能和母親住在同一棟公寓。但是母親的生活漸漸出現變化，社交活動比以往熱絡，比起過去必須配合父親的要求待在家裡時更快樂。（中略）當然她還是和以前一樣，持續寫作。」

身為幸福「前兒童」的意見

一九六〇年代，孫兒女接連出生，阿思緹升格當了祖母，他們也成為阿思緹的新玩伴。哥哥古納（Gunnar Ericsson）的孫女卡琳．亞弗提根（Karin Alvtegen）也曾在農場和她玩耍。

「（前略）阿思緹會陪我們一起扮女巫，而且可以玩好久。因為她實在太有趣了，

到最後我們都已分不清她究竟是在扮女巫還是真的女巫。一般的大人根本沒辦法像她一樣。」（《阿思緹・林格倫：日常風景》）

一九六三年她為孫子提筆寫下《小搗蛋艾米爾》系列[3]。這個小孫子是卡琳的長子，當時三歲，正是鬧起彆扭十分激烈的年紀，連阿思緹都難以招架。最後她使出奇招，以比孫子還大的聲量隨口問一句：「你知道隆納博爾加（Lonneberga）的艾米爾做了什麼嗎？」

三歲的小男孩嚇了一跳，停止哭泣。艾米爾是誰？其實阿思緹也不知道，因為接下來才要編故事。

連貓狗都嫌棄的三歲孩童，得是調皮搗蛋至極的角色才行。艾米爾揉合了哥哥古納小時候、拉斯、拉斯的兒子和活潑到讓妹妹夫妻都陷入絕望深淵的小外甥等人的特質。

《長襪皮皮》剛出版時曾經遭到嚴肅的大人無情批判，宣稱皮皮只是個精神異常、個性頑劣的小孩云云。然而阿思緹的作品對於飽受無趣禮儀和道德束縛的兒童而言，是非常必要的精神食糧。

當年那些沉迷於作品的孩子長大之後，視阿思緹為瑞典的國民英雄。她提筆寫下童話〈金錢世界裡的磅礴婆沙〉（*Pomperipossa in Monismania*），創造出稅賦比收入還多的作家角色，藉此批判瑞典政府的新稅法。一九七六年報紙刊登這篇童話後，立刻受到國會注意，甚至影響該年大選，導致執政四十四年的瑞士社會民主工人黨淪為在野黨。

身為一名重視社會議題的公眾人物，她最大的貢獻或許是一九七八年獲頒德國書商和平獎時發表的得獎感言。主辦單位讀了講稿，懇求她縮短演講，內容也須修改得更加低調。她卻不肯讓步，直言不讓她自由發揮就不出席。養育兩個孩子的她認為，這正是身為幸福的「前兒童」向全世界宣揚主張的大好機會。

演講內容受到《教育論》作者羅素的影響，主張人的個性在幼年時期便已定型。與其討論縮減軍備，不如先從取締「家中的暴君」，也就是施行體罰的家長著手。正因為引發戰爭的大人是在暴力環境下成長，才會想不出暴力以外的解決手段，反戰的第一步自然得從排除家中的體罰做起。

但是光靠說教，大多數父母依舊只將不體罰的觀念視為遙不可及的妄想。天才作家此時又運用故事的力量來影響世人。

---

3 *Emil i Lönneberga*，中文版為親子天下出版。

直至今日，許多人還是嚴格管教孩子，或是以暴力壓迫兒童。我想向大家分享一個老婆婆告訴我的故事。

老婆婆還是年輕的媽媽時，世人皆相信孩子「不打不成器」。她原本不相信這句話，直到有一天她異想天開，心想得好好教訓做了壞事的小孩不可。

於是她吩咐兒子去找來白樺樹的樹枝。年幼的兒子找了很久都找不到，最後哭著回家：「我找不到小樹枝，只好帶了這顆石頭回來，妳就拿這顆石頭打我吧。」

她看著兒子悲傷的眼神，驀然明白了一切，於是哭了出來。兒子想必知道媽媽要教訓他，所以覺得撿小樹枝還是石頭回家都一樣吧。

她擁抱兒子，兩人哭了一會兒。後來她將石頭放在廚房的架子上，提醒自己永遠不要忘記：「絕不施暴！」

（節錄德國書商和平獎得獎感言〈絕不施暴！〉）

怎會有如此乖巧的孩子呢！這個故事帶給全世界巨大的衝擊，瑞典於是領先各國，先行制定禁止體罰兒童的法律。阿思緹反對以寓言灌輸孩子倫理道德，施行在大人身上倒是效果卓越。

她持續致力於社會運動，不僅捐款給慈善機構，連寫信給她的庫德族難民少女、身障兒童、生病的少女和數也數不盡的人們都曾獲得她的援助。甚至有陌生年輕男子來到她的住處向她要錢，表示「想買房子與女友同居」。就連毫不相干的人，她也願意伸出援手，這正是因為她的信念是：人生短暫，應當趁活著的時候多多行善。

一九八七年，她還來不及消化拉斯在前一年過世所帶來的悲傷，就對首相發表公開信，要求保護家畜的權利。瑞典社會民主工人黨害怕重現〈金錢世界裡的磅礴婆沙〉的夢魘，要是又惹火了鼓動國民的天才，搞不好又要下野了，於是不僅在年度大會公開信件內容，首相還親自造訪阿思緹的住處。她在首相面前搖晃著食指，調皮地斥責首相：「要是不解決這個問題，我可不會輕易饒過你們。」並且以掌心輕拍首相的臉頰。大作家就像教訓小孩般對待五十多歲的首相，一旁的特勤警察也只能默默盯著瞧。隔年政府便制定了保障家畜權益的《動物保護法》。

一九九七年，俄羅斯總統葉爾欽首次出訪斯德哥爾摩時與阿思緹會面。報導刊出他在政府舉辦的官方午宴上和阿思緹握手，臉上流露出少年般的笑容。儘管當時阿思緹已經年近九十，「永遠的搗蛋鬼」的力量依舊存在，任何嚴肅的大人看到她都會恢復童心。

阿思緹直到八十歲都還能爬樹，全力陪曾孫玩遊戲，曾孫還說：「曾祖母是我最好的朋友。」記者在她九十歲紀念訪談時問道：「請問您的兒童文學有語言教育上的特殊目的嗎？」她調皮地回答：「連個屁都沒想過。」

然而這場訪談卻是她最後一次上廣播。幾個月之後，她就因為腦中風而倒下。這場病並未影響她的性格與幽默感，卻消弭了一個悲傷的回憶——她忘了心愛的寶貝兒子過世。卡琳並未戳破這件事，聊天時配合母親。阿思緹在過世前幾年的訪談中提到：「我最重要的身分是母親，孩子帶給我無盡的快樂。」如同這番話，直到最後母親這個身分都是她自我認同的核心。

二〇〇二年，阿思緹在卡琳的看護下過世，享壽九十四歲。據說當時門外聚集了數千人悼念她，留下許多鮮花與蠟燭。

後記

「這名女子無時無刻不為家庭奉獻……身為母親純正高潔……」

前年祖母去世，在喪禮上聽和尚誦經時，陌生的經文中突然冒出一句流暢的口語。和尚想必是看在祖母是高齡已婚婦女，特地加上了當作給喪家的特別服務吧。明明該是值得感激的事，我卻覺得不太對勁。這是因為純正高潔的形容詞和我熟悉的祖母形象實在是雲泥之別。她與祖父從滿州回到日本時，兩人身無分文，只剩下一條小命。回國後日子也備嘗辛勞，據說急就章蓋好的房子曾經兩度失火，光靠踩縫紉機支撐家計，一邊照顧兩個活潑好動的兒子，有時還氣著拿掃把追他們跑。

我至今依舊印象鮮明的是在弟弟的結婚典禮上，司儀突然問母親：「請告訴大家婚姻美滿的祕訣！」母親拿著麥克風，一時緊張得不知所措，渾身僵硬。正當眾人一陣尷尬時，祖母默默拿走母親手上的麥克風，以低沉的嗓音說了一句：「心字頭上一把刀，就是忍耐。」

此話一出，本來充滿浪漫幸福氣氛的會場轉眼變成寫實紀錄片的放映會。祖母就是這樣一個腳踏實地的人，比起「純正高潔」，更適合以「流血流汗」來形容。當然喪禮的經文還得配合喪家要求一一調整未免太辛苦，所以和尚要讚美祖母純正高潔還是溫柔賢淑，其實都無所謂。

記錄職業婦女的人生時，倘若站在女性主義觀點，往往會避開身為母親或妻子的一面。

男性的傳記同樣會強調事業上的成就，而非著重家庭面向，例如不會說「他也是個好丈夫、好爸爸，育有一男二女」。而大部分女性的人生若都以一句「無時無刻不為家庭奉獻，身為母親純正高潔」總結，的確也了無趣味（喪禮的經文就先不談了）。

儘管如此，懷孕、生產、育兒對於女性而言都是必須賭上性命、付出大量資源的重大事業。愈是有個性的人，這方面的作法愈是充滿個人特色。正因為關於母親的形象往往很單一、同調，所以我更是想了解這些與眾不同的作法。

本書介紹的每一位「猛媽」都是了不得的女性，一般人學不來，也無法參考她們的育兒方式。然而她們無論如何都堅持做自己的姿態，告訴我們人就只能做自己，當不了別人。現在已不再是內化根本不存在的「正確的母親形象」、為了自己做不到而沮喪氣餒的時代，不妨展現自己真正的模樣，流血流汗當個快樂的母親吧！希望讀者看完本書之後，能夠湧上這樣的心情。

最後我要在此感謝本書的責任編輯，大和書房的藤澤陽子，她給了我很多「還有很多猛媽」的人選。光是我自己挑選下來，總是免不了偏頗，多虧她的建議，人選才能遍及各行各業。此外，在插畫家北澤平祐、梶谷牧子與裝幀家高瀨遙協助之下，才能將本書打造出愉快又華麗的氣息。我要在此向所有人表達由衷的謝意。

堀越英美

參考文獻

猛媽❶　岡本加也子

岡本太郎《一平　加也子——依循本心的強大父母》，千曲秀版社，一九九五年。

岡本太郎《母親的信　回憶母親加也子與父親一平》，千曲秀版社，一九九五年。

熊坂敦子編《岡本加也子的世界》，冬樹社，一九七六年。

岡本一平《增補　一平全集　第三卷》，大空社，一九九〇年。

瀨戶內晴美編《火與熾烈的女流文學》，講談社文庫，一九八九年。

《新潮日本文學寫真集　岡本加也子》，新潮社，一九九四年。

猛媽❷　瑪麗．居禮

艾芙．居禮《居禮夫人傳》（*Madame Curie*），中文版：志文，一九八九年。

Barbara Goldsmith "*Obsessive Genius: The Inner World of Marie Curie*" W. W. Norton, 2005.

依蕾娜．居禮《書簡》（*Correspondance*），Les Editeurs Francais Reunis，一九七四年。

瑪麗．居禮《居禮傳》（*Autobiographical notes & Pierre Curie*），中文版：臺灣商務，二〇〇九年。

川島慶子《（修訂）瑪麗．居禮的挑戰　科學性別議題、戰爭》，TRansview，二〇一六年。

猛媽❸　青山千世

山川菊榮《兩代女人記》，岩波文庫，二〇一四年。

山川菊榮〈「勞動神聖」與「母性禮讚」〉（岩波書店《山川菊榮集　評論篇　第三卷》）。

御茶水女子大學附設圖書館：http://www.lib.ocha.ac.jp/lib_cha.html

猛媽❹　三島和歌子

尚友俱樂部編《尚友BOOKLET 22　三島和歌子備忘錄》，芙蓉書房出版，二〇一二年。

阪谷芳直著、阪谷綾子編《黎明時期的女性　幕末明治時代的阪谷、澀澤、三島、四條家》，吉川弘文館，二〇一二年。

尚友俱樂部、內藤一成、長谷川怜編《尚友BOOKLET 34　日本第一位奧運代表　三島彌彥　傳記與史料》，芙蓉書房出版，二〇一九年。

★　歷史上那些駭人聽聞的媽媽

Karen Dolby "My Dearest, Dearest Albert: Queen Victoria's Life Through Her Letters and Journals" Michael O'Mara, 2018.

上村悅子《王朝的優秀歌人　赤染衛門》，新典社，一九八四年。

中江克己《世界上的惡女、妖女事典——將歷史握在掌心的迷人女性》，東京堂出版，二〇〇〇年。

中江克己《日本史上的女性逸事事典》，東京堂出版，二〇〇〇年。

佐藤憲一《伊達政宗的信》，新潮社，一九九五年。

猛媽❺　鳩山春子

鳩山春子《人類紀錄3　鳩山春子　我的自敘傳記》，日本圖書中心，一九九七年。

鳩山春子《我家孩子的教育》，婦女界社，一九一九年。

鳩山一郎《我的自敘傳記》，改造社，一九五一年。

〈懷念亡母　前文部大臣　鳩山一郎〉（土屋堯編《談母親》，明治書房，一九三八年）。

鳩山一郎〈憶母親〉（《談父母》，金星堂，一九三九年）。

鳩山一郎〈母親、父親和我們兄弟〉(《談吾母》，家庭新聞社出版部，一九四一年)。
〈鳩山一郎氏之母〉(高信峽水《母親的力量》，厚生閣，一九四〇年)。
佐野真一《鳩山一族的錢脈與血脈》，文春新書，二〇〇九年。
伊藤博敏《鳩山一族　無人書寫的內幕》，彩圖社，二〇一〇年。
我的履歷／鳩山一郎。
Wikisourece　https://ja.wikisource.org/wiki/

猛媽❻　莉蓮・吉爾博斯

法蘭克・吉爾博斯二世、亞妮絲汀・吉爾柏斯・葛瑞（Frank B. Gilbreth JR.、Ernestine Gilbreth Garey）《十二個小孩的老爹商學院》(*Cheaper by the Dozen*)，大寫出版，二〇一一年。
Jane Lancaster Making Time: Lillian Moller Gilbreth – A Life Beyond "Cheaper by the Dozen"
尊重：為職場帶來效率與人性的工程師──莉蓮・吉爾博斯
https://www.autodesk.co.jp/redshift/lillian-gilbreth/
法蘭克・吉爾博斯與莉蓮・吉爾博斯　動作研究的先驅
https://diamond.jp/articles/-/5136

猛媽❼　瑪麗亞・蒙特梭利

Rita Kramer "*Maria Montessori*" Da Capo Press, 1976.
馬力歐・蒙特梭利《人類傾向和蒙特梭利教育》(*The Human Tendencies and Montessori education*)，Association Montessori Internationale，一九六六。
Helmut Heiland "*Maria Montessori*" Rowohlt Taschenbuch, 2016
前之園幸一郎〈瑪麗亞・蒙特梭利的障礙兒童教育觀點〉(論文收錄於《青山學院　女子短期大學紀要》59)，

二〇〇五年。
NORTH HILL MONTESSORI "*The Maria Montessori No one Knows: A Heartbreaking Betrayal*" http://www.northhillmontessori.com/the-maria-montessori-no-one-knows-a-heartbreaking-betrayal-part-1-of-2/

猛媽❽　瑪格麗特・米德

瑪莉・凱薩琳・貝特森《女兒眼中的父母：瑪格麗特・米德和格雷戈里・貝特森回憶錄》（*With a Daughter's Eye: A Memoir of Margaret Mead and Gregory Bateson*），William Morrow & Co，一九八四
瑪格麗特・米德《黑莓之冬：我的早年》（*Blackberry Winter: My Earlier Years*），William Morrow & Co，一九七二。

★ 世上還有許多猛媽

文藝春秋編《阿母、老媽、媽媽》，文藝春秋，二〇〇六年。
黑柳朝《阿朝來啦》，主婦與生活社，一九八二年。
黑柳徹子《窗邊的小荳荳》，親子天下，二〇一五年。
桐島洋子《渚、澪和舵——我的愛之航海記》，文春文庫，一九九七年。
桐島洋子等《坐上女巫的掃把——鵝媽媽和三隻小豬的環遊世界旅行》，hi-sense出版，一九八八年。
〈Ms Wendy〉二一八號〈眾所矚目　作家／桐島洋子〉
https://www.wendy-net.com/nw/person/218.html
桐島洋子《鵝媽媽和三隻小豬》，Graph社，二〇〇六年。
小池百合子《居家臨終　得肺癌的母親抽了一根菸後走了》，幻冬社，二〇一四年。
樹木希林《活完這輩子的樂趣》，朝日新聞出版，二〇一九年。
電影旬報MOOK《樹木希林長存心中～一名演員的興起與臨終》，電影旬報社，二〇一九年。

內田也哉子〈送走「過於激烈的母親」和「看不見的父親」，終於迎來獨立時刻〉，《婦人公論》，二〇一九年十月八日號。

猛媽❾ 養老靜江

養老靜江《無法獨自生活　女醫的95年》，集英社文庫，二〇一六年。
田嶋陽子《女人的晚年》，MAGAZINE HOUSE，一九九七年。
朝日電視臺《偉大母親的故事「養老孟司之母．靜江～教育兒子的母親的高牆」》（二〇〇五年四月三日播出）。
養老孟司《養老孟司的人生論》，PHP研究所，二〇一六年。
NHK「我還是個孩子」製作團隊《我還是個孩子的時候(二)！》，Poplar社，二〇一二年。
朝日新聞報「〈人生的禮物〉我的前半生，解剖學家養老孟司：三，七十七歲」（二〇一五年九月十六日）。
朝日新聞報「〈人生的禮物〉我的前半生，解剖學家養老孟司：四，七十七歲」（二〇一五年九月十七日）。
NTT DATA〈DATA INSIGHT 養老孟司（解剖學家）〉。

猛媽❿ 山村美紗

〈弟弟眼中山村美紗的本色〉（日本散文作家．CLUB篇）。
《司馬的大阪腔》，文藝春秋，二〇〇〇年。
山村美紗《山村美紗的事件簿散文集》，光文社文庫，二〇〇六年。
山村美紗《美紗的戀愛推理學》，新潮文庫，一九九一年。
山村美紗《迷戀推理》，光文社文庫，一九九二年。
山村紅葉《一起前往京都推理現場吧》，PHP研究所，二〇一五年。
山村紅葉〈留下解不開的謎團　詭計女王山村美紗的真面目〉，《婦人公論》，二〇〇一年三月二十二日號。
西村京太郎〈獨占追悼手記　我的女王山村美紗〉，《週刊朝日》，一九九六年九月二十七日。

〈山村紅葉初次訴說　西村京太郎與母親山村美紗的「愛之形」〉，《Themis》97（通號93），二〇〇〇年七月。

〈「母女對談」山村美紗＋山村紅葉：作家的工作、演員的工作〉，《In pocket》，一九八九年十月號。

朝日電視臺〈探訪稀有人士　推理作家的女兒山村紅葉：詭計的實驗臺生活〉（二〇一九年十月五日播放）。

金融廣報中央委員會〈從「千金大小姐」到「專業女演員」女演員山村紅葉－生活補習班　金融補習班～採訪報導～〉。

https://www.shiruporuto.jp/public/document/container/kataru/045_momiji_yamamura.html　TechinsightJapan

【娛樂是維他命】〈為了紅葉繼續寫作〉、〈山村美紗直到死亡都心向原稿的理由〉，二〇一三年一月二十九日。

猛媽⑪　阿思緹・林格倫

Jean Andersen, Caroline "*WaightAstrid Lindgren: The Woman Behind Pippi Longstocking (EnglishEdition)*" Yale Univsrsity Press, 2018.

Jacob Forsell, "*Astrid Lindgren. Bilder ihres Lebens*" Oetinger Friedrich GmbH, 2007.

三瓶惠子《皮皮之母　阿思緹・林格倫》，岩波書店，一九九九年。

Kerstin Ljunggren "*Besuch bei Astrid Lindgren,*" Oetinger Verlag, 1994.

猛媽的不負責教育講座：古今中外23位超級媽媽的非典型育兒百態

スゴ母列伝～いい母は天国に行ける ワルい母はどこへでも行ける

作者	堀越英美
譯者	陳令嫻
社長	陳蕙慧
總編輯	戴偉傑
特約編輯	周奕君
內文潤校	陳綠文
行銷企畫	陳雅雯・趙鴻祐
美術設計	萬勝安
內頁插畫	梶谷牧子
內頁排版	宸遠彩藝工作室
集團社長	郭重興
發行人	曾大福
出版	木馬文化事業股份有限公司
發行	遠足文化事業股份有限公司
地址	231 新北市新店區民權路 108 之 4 號 8 樓
電話	（02）2218-1417
傳真	（02）8667-1065
Email	service@bookrep.com.tw
郵撥帳號	19588272 木馬文化事業股份有限公司
客服專線	0800-221-029
法律顧問	華陽國際專利商標事務所　蘇文生律師
印刷	前進彩藝有限公司
初版一刷	2023 年 1 月
定價	350 元
ISBN	9789863599494（紙書） 9786263143654（EPUB） 9786263143647（PDF）

國家圖書館出版品預行編目

猛媽的不負責教育講座 / 堀越英美作 ; 陳令嫻譯 . -- 初版 . -- 新北市 : 木馬文化事業股份有限公司出版 : 遠足文化事業股份有限公司發行 , 2023.01
240 面 ; 14.8×21 公分
譯自 : スゴ母列伝 : いい母は天国に行けるワルい母はどこへでも行ける
ISBN 978-986-359-949-4（平裝）

1.CST: 女性傳記　2.CST: 母親

781.052　　110006160